엄마의 100가지 약속

엄마의 100가지 약속
© 들녘 2007

초판 1쇄 발행일   2007년 2월 13일

지은이   말리카 초프라
옮긴이   권상미
펴낸이   이정원
펴낸 곳   도서출판 들녘
등록일자   1987년 12월 12일
등록번호   10-156
주소   경기도 파주시 교하읍 문발리 파주출판단지 513-9
전화   마케팅 031-955-7374 편집 031-955-7381
팩시밀리   031-955-7393
홈페이지   www.ddd21.co.kr

값은 뒤표지에 있습니다.
잘못된 책은 구입하신 곳에서 바꿔드립니다.
ISBN 978-89-7527-563-0 (04590)

엄마의 100가지 약속

말리카 초프라 지음 · 권상미 옮김

100 Promises to My Baby

들녘

내가 닮고 싶은 모성의 모든 자질을
몸소 실천하고 계신 내 어머니 리타 초프라,
그리고 상상치도 못했던 사랑을
내 마음과 영혼에 가져다 준
소중한 두 딸 타라와 릴라에게 이 책을 바칩니다.

"세상에 태어난 모든 어린이는
하느님이 인간을 포기하지 않으셨다는 징표이다."

_라빈드라나트 타고르

차 례

머리말

내가 의대에 다니던 시절은 혁명의 시기였다. 그것은 인류가 치유를 바라보는 방식을 바꾸어놓은 내적 혁명이었다.

과학을 앞세우는 현대 의학은 질병 치료에 대해 환원론적 접근법을 취해왔는데 이것은 소아마비, 천연두, 말라리아, 결핵 등 주요 유행병을 제거하는 데는 성공했다. 그러나 오늘날 인류는 새로운 유행병의 시대를 맞고 있다. 심혈관계 질환, 암, 각종 중독, 에이즈 및 반사회적 · 정신적 행동이 현대의 유행병이 되고 만 것이다.

우리는 고뇌와 절망 속에서 울부짖는 세상을 살고 있다. 산산조각이 난 부부 사이나 연인 관계, 불화와 이별로 고통 받는 가정, 그리고 꿈을 실현할 수 없는 현실은 보편화되어 가고 있다.

인류의 어머니인 지구 역시 심각한 상처를 입었다. 매일 동식물이 멸종되어 가고 우리가 마시는 공기는 갈수록 오염되고 있으며 목재, 광물, 화석연료 자원도 점점 고갈되고 있다. 온실효과는 해수면을 높이고 허리케인과 홍수는 온두라스에서 방글라데시까지 전 세계를 강타하고 있다.

이런 현상들은 혹시 우리 인간의 깊은 내부에 발생한 더 근본적인 장애,

즉 우리 영혼에 생긴 균열 때문에 일어나는 것은 아닐까?

현대 과학의 환원론적 접근법은 인간의 몸에 대해서라면 뭐든 알고 있는 뛰어난 기술자 세대를 양산했다. 하지만 이들은 인간의 영혼을 알지 못하기에 치유자가 될 수는 없다.

영적 지혜를 구하는 전통에 따르면, 인간 영혼의 본질은 순수한 사랑이다. 사랑은 단순한 감정에 불과한 것이 아니라 창조의 중심부에 있는 궁극적인 진실이다. 사랑은 치유하고 재생하며 인간에게 안정감을 준다. 사랑은 위대한 행위를 이끌어내고 죽음의 공포조차 잊게 해준다. 또한 사랑은 우주를 하나로 묶어주는 끈이다.

나는 의사로 일하면서 사랑이야말로 치유의 힘이라는 사실을 배웠다. 두 사람 사이에 사랑이라는 정서적인 에너지가 오가면 이들의 내부 세계는 공명을 일으킨다. 이 울림은 생체리듬, 수면과 기상 주기, 면역체계 등 모든 측면에서 일어난다. 두 사람은 호르몬 수치도 같아지고 서로에게 몰입된다. 이들의 사고, 감정, 꿈, 소망, 그리고 세계를 바라보고 지각하는 방식 역시 같은 과정을 겪는다.

캘리포니아대학교 샌프란시스코 캠퍼스 의대에서 정신과 의사로 있는 토머스 루이스 박사는 이 현상을 '변연계 공명'이라고 불렀다. 그에 따르면 치유의 가장 중요한 요소는 변연계 공명, 변연계 조절, 변연계 교정이다.

변연계 공명이란 내가 다른 사람의 내면세계를 함께 느끼게 되는 때를 말한다. 변연계 조절은 몸의 생체 기능이 서로 동화될 때를 가리킨다. 그리고 변연계 교정은 신경망이 글자 그대로 재조정되는 현상을 의미한다.

이런 일이 일어나면 우리와 우리가 사랑하는 사람들의 뇌에서는 이른바 '구조조정'이 이루어진다. 사랑하는 사람들이 하나의 영혼으로 행동하도록 조절되는 것이다. 각자의 감정을 담당하는 몸, 인지와 지각, 그리고 감정의 세계는 함께 어우러지고, 함께 창조되며, 함께 진화한다. 그러면 우리는 서로를 치유하고 우리를 둘러싼 세상을 치유할 수 있다.

나는 내 아이들이 자라는 모습을 보면서 아내와 내가 아이들을 위해 해줄 수 있는 가장 중요한 일은 바로 자기 존중, 자신감과 안정감을 심어주는 것임을 본능적으로 알게 되었다. 이런 자질들은 지식을 초월하는 사랑, 앎, 희열, 평화가 자라는 우리 영혼의 직접적인 경험에서 나온다.

내 딸 말리카는 임신을 하자 이런 점을 더욱 깊이 이해하고 뱃속의 아기에게 백 가지 약속을 하겠다고 다짐했다. 임신한 어머니의 생각, 감정, 의도는 뱃속 아기의 생리적인 발달에 직접 영향을 미치고, 이런 영향은 아기가 태어나 자라면서 계속 강화된다. 이 과정은 놀이, 정서적인 상호작용, 이야기 들려주기, 몸짓을 통해 일어난다. 어머니가 불안을 느끼면 이 불안감은 뱃속에 있는 아기의 심장박동, 혈압, 아드레날린 및 코티졸 수치에 반영된다. 미래에 성인이 될 아기의 성격도 어머니의 감정과 태도에 영향을 받고 형성된다.

이렇듯 자녀에게 헌신하고 약속하는 일은 아기의 신체와 정서가 발달하는 데 영향을 미치며, 궁극적으로는 아기가 다른 사람들이나 세상과 맺는 관계에 영향을 준다.

어머니는 아기의 내면세계에 주파수를 맞추고 공명하는 방법을 배워야 한다. 주파수를 맞춘 어머니는 아기가 하나가 되어야 하고, 이 새로운 생명체의 지속적인 변화와 발달에 함께해야 한다.

이 과정에서 어머니도 역시 변화하고 발전한다. 어머니와 아기는 서로의 내면과 외면 세계를 조절하고 변화하도록 해준다. 둘의 생체리듬, 치유 기전, 항상성 반응은 상호작용하고 조화를 이루며 이 과정에서 둘은 함께 경험을 일구어나간다.

위대한 지혜의 전통은 세상이 우리 자신의 연장이라는 사실을 가르쳐주었다. 모든 어머니들이 아기에게 서약을 할 수 있다면 세상은 변화할 것이다. 세상 모든 테러리스트도 한때는 아기였고, 어른들도 한때는 아기였다. 바야흐로 세상은 어머니들의 선택에 달려 있다.

세계가 바뀌고 변화해온 것은 정치가나 과학자들 때문이 아니었다. 세상의 어머니들이야말로 상처 입은 지구를 치유하는 열쇠를 쥐고 있다. 우리 모두 어머니들이 아기와 나눈 서약을 지킬 수 있도록 돕기로 약속하자.

디팩 초프라

감사의 글

옛날 아프리카 속담 중에 '아이를 키우는 데는 한 마을 전체가 필요하다'는 말이 있다. 아이를 키우는 일과 마찬가지로 책을 쓰는 일 역시 여러 가지 면에서 많은 사람의 도움으로 이루어진다. 여러 가지 생각과 영감, 격려가 그 많은 사람에게서 비롯되기 때문이다. 이 책이 빛을 볼 수 있도록 도와준 다음과 같은 많은 분들에게 감사 인사를 전하고 싶다.

무엇이든 이룰 수 있다는 격려와 자신감을 끊임없이 내게 심어주신 아버지 디팩 초프라 박사.

조용하고 헌신적이며 무한한 사랑으로 언제나 당신 자신보다 모든 일, 모든 이들을 먼저 돌보시어 주변 사람들 모두에게 순탄한 삶을 선사하신 어머니 리타 초프라 여사.

내 능력을 믿어주고 꿈을 실현할 수 있도록 독려해준 남편 수만트 만달.

내 가장 가까운 친구이자 조언자, 협력자인 남동생 고담 초프라.

나를 딸로 맞아주시고 늘 아낌없는 사랑과 칭찬을 베풀어주시는 시부모님 닐람 만달과 수레시 만달 부처.

변함없는 우정과 사랑으로 나와 형제자매가 된 시동생 히먼트 만달과 올케 캔디스 첸.

이 책에 큰 보탬이 된 진솔한 소감과 다양한 이야기들을 들려준 친애하는 벗이자 동료 작가, 그리고 엄마, 또 예비 엄마들인 사얀타니 다스굽타, 그레이스 르와람바, 새라 로스, 그리고 에디스 리.

이 책의 잠재력을 파악하고 출간을 실현할 수 있도록 도와준 출판 에이전트 린다 로웬달.

그리고 임신의 경험과 모성을 바탕으로 소중한 아이디어를 공유해준 편집자 헤더 잭슨에게 진심으로 깊은 감사의 말을 전하고 싶다.

서문

몇 년 전 아기를 가졌다는 사실을 처음 알게 되었을 때, 그때 나는 살아오면서 가장 큰 행복과 흥분을 느꼈고, 내 몸 안에서 생명이 자라고 있다는 사실만으로도 가슴이 벅찼다. 나는 아기가 어떻게 생겼을까 상상하면서 뱃속 아기에게 말을 걸고, 노래를 불러주고, 쓰다듬었다. 그리고 남편 수만트와 함께 우리 가족의 미래를 계획하면서 많은 시간을 보냈다.

그런데 아기에 대한 사랑이 날로 커지면서 내가 과연 좋은 엄마가 될 수 있을까 하는 두려움도 깊어갔다. 과연 아기를 잘 돌볼 수 있을까? 아이의 행복이나 불행에 내가 어떤 영향을 미치게 될까? 아이가 다른 사람과의 관계를 잘 이끌어나가고 자신감을 느끼며, 올바른 길로 갈 수 있도록 도우려면 무엇을 해야 할까? 올바른 길이란 과연 무엇일까? 이렇게 나는 좋은 부모가 되어야 한다는 책임감에 몹시 시달렸다.

내가 자랄 때 부모님이 주신 안정과 인내, 사랑, 도움에 진심으로 깊은 감사의 마음을 갖게 된 시기도 이때였다. 나는 자라면서 많은 사람들에게 이런 질문을 받았다. "디팩 초프라의 딸로 자라는 건 어떤 느낌이지요?", "당신과 남동생 고담이 어릴 때 부모님은 영적인 가치와 생각을 어떻게 가르치셨나요?" 물론 고담과 내게 아버지는 그냥 아버지였고 엄마는 엄마일 뿐이었다. 우리는 이런 부모님 아래서 성장하는 것이 다른 아이들과 어떻게 다른지 따져본 적은 없다.

하지만 이제 부모가 되는 시점이 다가오자 부모님이 우리를 어떻게 가르치셨는지, 어떻게 사랑받고 있다는 걸 느끼게 하셨는지, 부모님과 대화하기가 얼마나 쉬웠는지에 대해 더 곰곰이 생각하게 되었다. 영적인 스승이자 저술가인 아버지의 직업과 자녀들에게 자신의 지식을 전하고자 하셨던 열성 덕분에 나는 어려서부터 사랑과 연민이 삶에서 마주칠 모든 것들의 토대가 된다는 점을 알았다.

고담과 나는 실로 근사한 어린 시절을 보냈다. 단지 멋진 사람들을 만났기 때문이 아니라 남다른 안목과 호기심, 열정으로 세상을 바라보도록 배웠기 때문이다. 그래서 나는 임신 기간 동안 부모님과 가족, 조상, 친구들, 그리고 나 자신의 인생 경험에서 배운 것들을 어떻게 하면 실천할 수 있을지 고민했다. 그때 내 소망은 뱃속에 있던 딸 타라에게 모험과 신비로 가득한 경이로운 어린 시절을 선사하는 것이었다. 그리고 그 일을 시작할 시기는 바로 아이가 아직 내 일부일 때라는 걸 직감으로 느꼈다. 타라가 뱃속에서도 듣고 있으리라는 걸 믿었기 때문이다.

아기와 유대감을 느끼고 싶었던 이유는 과학적으로 알고 있던 지식 때문이기도 했다. 나는 아이가 뱃속에 있을 때부터 부모의 사랑과 지지를 느긴다면 신체적으로 건강하게 자라는 것은 물론 자존심, 자신감, 행동 등 정신적인 지표도 달라진다는 걸 알고 있었다. 이렇듯 나는 아기와 내가 모든 차원에서 연결되어 있다는 점을 이미 머리로 알고 있었으나 나중에는 태어나지도 않은 아기가 나 자신, 내 몸과 정신, 그리고 영혼의 연장임을 실제로 경험하기 시작했다.

그래서 나는 나 자신과 아기에게 하는 약속을 써내려가기 시작했다. 이 약속들은 아기에게 느꼈던 '사랑'과 '소망', 그리고 아기가 어떤 사람이 되리라는 '기대'를 바탕으로 쓴 것이다. 약속을 써내려가면서 나는 그 하나하나가 내가 실제로 경험했거나 배웠던 일에서 영감을 받은 것이라는 사실을 깨닫게 되었다.

나는 타라가 성장해갈 때 나누고 싶은 이야기와 추억, 교훈을 써내려갔고 부모로서 어려움에 직면할 때마다 기억해야 할 가치관과 방향도 썼다. 글을 쓸수록 나는 아이와의 결속이 강해지고 깊어짐을 느낄 수 있었는데, 이때 느낀 친밀감은 아이가 태어난 후 더욱 강해졌고 아이가 자라면서 계속 발전했다. 그리고 타라에 대한 내 사랑이 나에 대한 아이의 사랑에 반영되고 있는 것도 눈에 보였다. 이처럼 타라와 나는 끊임없이 함께 자라며 발전하고 있다.

타라는 지금 만 두 살이다. 출산 후 다음 해까지 나는 진짜 엄마 역할에 푹 빠져서 글 쓰는 일은 당분간 미뤄두었다. 타라의 엄마로 살아가는 일은 내가 평생 해본 어떤 일보다도 더 행복한 것이었다. 나는 엄마가 되는 일 중에서 어떤 부분은 자연스럽게 이루어지는 반면에 어떤 부분은 매우 어렵다는 점도 깨달았다. 인내와 결단력, 이해심이 필요하기 때문이다. 솔직히 말하면 타라에게 했던 애초의 약속 가운데 일부는 실현 불가능한 것도 있었다. 가령 '안 돼'라고 말하지 않겠다는 약속이 그랬다.

타라가 커가면서 점점 더 반응도 많아지고 나날이 주변 환경을 모두 흡수할 듯이 배우고 익히게 되자 나는 다시 전에 썼던 약속들을 펼쳐놓고 집중하기로 했다. 내가 출산 전에 타라에게 했던 약속을 되새겨보고 싶었고 더 많은 약속이 머리에 떠올랐기 때문이다. 그런데 예전에 써놓은 약속들을 다시 펼쳐 든 다음 몇 주가 지났을 때, 둘째를 가졌다는 걸 알게 되었다. 당연한 일이지만 글쓰기에 대한 나의 열정은 타라와 내 속에서 자라고 있는 둘째 아기 릴라에 대한 애정으로 이어졌다.

이 과정을 통해 나는 부모와 아이를 이어주는 결속력이야말로 인간과 인간 사이의 유대감 가운데 가장 중요한 것임을 깨달았다. 오늘날 부모의 역할이란 다양한 형태를 취하며 저마다 고유한 문제를 안고 있다. 편부나 편모에서 이혼이나 별거를 겪는 부모까지, 서로 다른 문화적 배경의 부모나 입양 부모, 평균보다 나이가 꽤 많거나 적은 부모, 맞벌이 부모나 매일 상당한 스트레스를 안고 살아가는 부모 등 부모 역할의 스펙트럼은 매우 폭이 넓다. 하지만 이 스펙트럼에서 어디에 해당하든 우리는 천진난만한 아이들의 마음을 형성하는 중요한 역할을 담당한다.

부모인 우리는 세상을 바꿀 힘을 가진 새 시대의 세계 시민을 창조할 수 있다. 공포와 폭력으로 얼룩지기 쉬운 세상에서 이 역할은 무엇보다도 중요하다. 모두가 우리 아이들에게 사랑, 존중, 명예, 수용을 가르친다면 좀 더 안전하고 안정되며 아이들이 자라기 좋은 세상을 다음 세대에 물려주는 우리의 소임을 다하고 있는 것이리라.

사랑스러운 내 아기 타라와 릴라에게

타라와 릴라, 너희 둘은 엄마의 인생을 영원히 바꿔놓았지. 너희는 내게 성스러운 선물처럼 와서 끝없는 사랑을 일깨워주었어.

엄마는 너희들이 뱃속에서 자라던 느낌을 두고두고 추억으로 간직하고 있단다. 내 안에서 새 생명이 자라고 있다는 경이로움, 새로운 인간이 창조되고 있다는 기적과도 같은 느낌이었지. 너희 둘 덕택에 엄마는 살아 있음을 느꼈고, 겸손함과 신성함이란 무엇인지 몸소 경험하고 배울 수 있었어.

너희를 보기만 해도 엄마의 마음은 기쁨과 사랑으로 눈 녹듯 녹아내린단다. 너희의 작은 움직임, 울음과 미소, 말 한마디……. 매 순간 너희라는 존재를 볼 때마다 너무나도 놀라워.

걱정도 참 많았지. 눈도 붙이지 못하는 밤도 많았고. 새로운 육아법에 적응하느라 늘 자신과 싸우며, 때로는 너희를 올바로 키우고 있는지 스스로 의구심이 들 때도 있었어. 하지만 너희 둘이 세상 그 무엇보다 위대하고 성스러운 선물이라는 점은 단 한번도 의심해본 적이 없단다.

엄마는 세상을 보는 너희 두 눈에 어린 경이로움에 찬탄하곤 하지. 그리고 너희 앞에 기다리고 있는 평생 동안의 긴 여행이 몹시 기다려진단다. 또 너희의 멋진 미래를 위해 끝없는 가능성을 만들어가도록 돕고 싶은 기대감에 가슴이 벅차올라. 엄마는 너희들이 매일 내게 가르쳐주는 교훈을 늘 겸허하게 받아들이고 있어.

엄마는 너희가 사랑과 기쁨, 안정과 자유를 누리며 자라기를, 또 매 순간 끝없는 힘과 열정을 느끼길 바란다. 그리고 너희가 삶의 놀라움과 아름다움을 깨닫고 너희들 세상에서 변화를 일구어 나갈 수 있는 힘을 갖게 되었으면 한단다.

그래서 엄마는 너희들에게 100가지 약속을 하려고 해. 너희는 이 약속들을 앞으로 몇 년 동안은 이해할 수 없겠지만 엄마는 이 약속들을 평생 지켜나갈 거란다. 이 약속들이 우리가 함께 자라는 데, 그리고 우리 주변 사람들에게 기쁨과 행복을 전파하는 데 도움이 되었으면 좋겠구나.

내 작은 천사들아, 엄마는 너희를 사랑한단다. 그리고 엄마한테 와줘서 너무나도 고맙구나.

타라와 릴라를 사랑하는 엄마가

약속: 〔명사〕 무언가를 하거나 하지 않겠다고
확인하는 선언 또는 서약

Connections

약속 1

너는 하늘이 주신 선물

어느 날 아침, 내 안에서 무엇인가가 자라고 있다는 아름다운 느낌이 문득 들었어. 바닷가로 산책을 나서던 길이었지. 남편 수만트에게 아기를 가졌다고 말해줄 것을 생각하니 나도 모르게 미소가 배어나왔어.

바로 그때였단다. 파도처럼 강렬한 감동이 밀려온 것은. 나는 너의 존재를 영혼 깊이 느꼈어. 그리고 우리 할아버지 다디가 그 순간 내 마음속에 떠올랐지. 할아버지는 이미 석 달 전에 돌아가셨지만 나는 그분의 영혼이 첫 증손자에게 축복을 내려 주시는 걸 느낄 수 있었단다.

할아버지는 잘랄 알 딘 루미의 시를 접할 때마다 늘 손자들이 떠오른다고 말씀하셨지. 이제 나도 엄마가 된다는 것 때문인지, 아니면 내 아이가 생긴다는 마법 같은 감정 때문인지 이 시는 내 마음속으로 더 크게 다가왔단다.

사랑의 연금술 _잘랄 알 딘 루미

무수한 별들과
머나먼 우주를 건너
너는 다른 세상에서
우리에게 왔구나.

너는 초월, 순수,
형언할 수 없는 아름다움,
사랑의 진수를
우리에게 선사한다.

네가 만지는 모든 것은
새롭게 변화하고
세속의 근심, 번민과 슬픔은
네 존재 안에서 녹아버리며
지배하는 이에게나 지배받는 이에게나
농부에게나 왕에게나
누구에게든 기쁨을 선사한다.

너의 아름다움은
우리를 놀라게 하고
세상 모든 악을
선으로 바꾸어놓으니

너는 위대한 연금술사로다.

너는 이 땅과 하늘에
모든 이의 마음과 영혼에
사랑의 불을 밝힌다.

너의 사랑을 통해
있음과 없음은 하나가 되고
다투던 자들은 손을 잡으며
세상 모든 불경한 것들은
다시 성스러워진다.

네가 세상에 온 날을 늘 기억할게

둘째인 너 릴라가 태어나기 한 달 반 전부터 곧 너를 품에 안을 수 있다는 기대에 가슴이 부풀어 올랐어. 첫째인 타라가 내 뱃속에 있던 몇 년 전의 이맘때를 떠올리며 어떤 기분이었는지 기억해내려고 했지만 그때와는 느낌이 사뭇 달랐지. 불안감은 훨씬 덜했지만, 다가올 기쁨과 소중한 순간에 대한 흥분감은 더했어. 그리고 너의 아기 시절도 눈 깜짝할 새에 지나가리라는 것을 알기에 벌써부터 그리워졌단다.

한밤중에 너의 태동으로 잠에서 깰 때마다 나는 잠시 그대로 누워 있곤 했지. 다른 존재와 이토록 가까이 있다는 느낌은 지금껏 가졌던 어떤 감정보다도 가장 영적인 경험이었거든. 타라가 태어난 후 몸을 움직이는 모습을 지켜보면서, 뱃속에서 느꼈던 것과 같은 동작을 하고 있다는 걸 금방 알아보았던 기억도 났지. 그래서 네가 태어나면 이번에도 내가 느꼈던 태동과 너의 몸짓에 비슷한 점은 없나 관찰하고 찾아보게 될 거라는 상상을 했어.

타라를 가졌을 때는 친구들이 선물해준 출산 용품들을 어떻게 써야 하는지 알아내는 것만으로도 바빴지. 아기 돌보기의 이런저런 작은 요령을 터득하는 것은 무한한 기쁨이면서도 상당히 어려운 일이었단다. 사실 너는 두 번째 아기니까 앙증맞은 손수건이나 손톱깎이 같은 물건들이 타라

때만큼 신기하지는 않을 거야. 그래도 기대감과 기쁨, 그리움으로 다시 한 번 가슴이 뛰는구나.

타라를 낳고 힘들어 했던 여러 가지 일들도 다시 떠올랐어. 눈도 제대로 붙이지 못하고 피곤했던 수많은 밤들, 모유를 먹이려고 고생했던 일, 타라가 왜 우는지 몰라 허둥거렸던 일들……. 하지만 바보처럼 입을 벌린 채 아기에게 빠져들었던 숨 막히게 아름다운 순간들을 생각하니까 힘들었던 기억들은 모두 눈 녹듯이 사라져버렸지.

다시 한 번 갓난아기를 품에 안으면 어떤 느낌일까? 배를 쓰다듬으며 나는 사랑을 고스란히 담아, 이제 갓 피어난 어린 네 영혼을 향해 나지막하게 노래를 흥얼거리지. 너는 어떻게 생겼을까, 어떤 내음, 어떤 감촉일까 생각하면서.

얼마나 멋진 마술 같은 여행이 우리를 기다리고 있는지! 널 기쁘게 맞이할 날을 손꼽아 기다리고 있어.

아기를 가진 사실을 처음 알게 되었을 때를 떠올려보세요. 가장 먼저 무슨 생각이 들었나요? 아기의 모습을 상상해보셨나요?

우리는 언제나 함께할 거야

살다보면 무섭고 외롭고 슬플 때가 있을 거야. 그런데 그때마다 내가 곁에서 널 안아줄 수 없을지도 몰라. 네가 잠들 때까지 등을 쓰다듬어주고, 눈물을 닦아주고, 노래를 불러주고, 네가 다시 웃을 수 있게 뺨에 뽀뽀해주고, 또 네가 넘어져 다쳤을 때 상처를 호호 불어주면서 아픔이 가시도록 해줄 수 없을 때도 있겠지.

누군가 네게 심한 말로 상처를 입혔을 때, 내가 네 곁에서 자신감이 없는 사람이나 남을 그렇게 판단하는 거라고 말해줄 수 없을지도 몰라. 또 네 울음소리만 듣고도 네게 필요한 게 뭔지 바로 알아챌 수 없을 때도 있겠지. 하지만 넌 결코 혼자가 아니라 엄마가 늘 네 곁에 있다는 걸 기억해줄래.

내가 네 곁에 없을 때는 네 마음의 소리에 귀 기울여보렴. 그럼 엄마가 거기 있다는 걸 느낄 수 있을 거야. 엄마 품의 따스함을 느끼면서 엄마의 노랫소리를 듣고, 엄마가 널 사랑한다는 걸 알게 될 거야.

우리는 이제 영원히 하나란다. 네가 혼자가 되는 일은 결코 없을 테니까.

늘 너를 향해 마음을 열어놓을게

모든 연인들이 그렇듯, 아빠와 나도 열렬한 연애를 했어. 첫눈에 서로 마음이 통했거든. 나는 매일 아침 아빠의 전화를 기다리면서 눈을 떴고, 아빠와 만나기를 고대했지.

남들처럼 엄마와 아빠도 결혼 첫해에는 갈등과 실망으로 문제투성이였고 온갖 도전에 시달렸단다. 하지만 그 시기는 서로를 더 잘 알아가고 더욱 튼튼한 관계를 만들어가는 시간이었지. 그리고 우리는 사랑에 빠져 있었기에, 사랑의 마술이 이 모든 문제를 훨씬 쉽게 만들어주었어.

그 뒤 5년 동안 우리의 삶은 크게 바뀌었지. 인도에서 미국으로 이주했고, 경영대학원에 입학해서 다시 학생이 되었고, 전문인으로서 일을 시작했거든. 우리 둘이서 일구어가는 진짜 삶은 이때부터가 시작이었어. 풋사랑을 깊은 우정과 존중으로 발전시킨 우리 두 사람은 각자의 꿈과 우리 둘의 꿈이 실현되도록 서로 도왔단다.

아기를 갖게 되면서 둘의 관계는 다시 새로워졌어. 이제는 성스러운 유대감까지 공유하게 되었으니까. 아빠와 엄마는 새로운 생명, 새로운 존재를 함께 만들어낸 거야. 우리는 더 어른스러워졌고 책임감이 강해졌어. 그리고 우리 자신과 우리의 삶과 서로에 대해 더 진지해졌지.

나와 아빠는 이 놀라운 기적을, 우리가 창조한 너희들을 함께 바라봐.

우리 두 사람을 전적으로 의존하고 믿는 너희들은 우리 사랑의 상징이야.

　나는 시간이 흐르면서 다른 사람들과의 관계가 어떻게 변해왔는지도 찬찬히 돌아보았어. 나를 돌봐주시던 부모님은 이제 나의 절친한 친구가 되었지. 나는 너희들과 지내는 부모님의 모습을 보면서 그분들이 인간으로서, 또 부부로서 더욱 완숙해져 가는 것을 본단다. 가끔 나를 귀찮게 하기도 했지만 언제나 사랑스러운 아이였던 동생은 이제 나와 함께 일하는 창의적인 동반자가 되었지. 친구들 역시 함께 나눴던 추억 속에서 여전히 특별한 관계를 맺고 있어.

　그리고 지금 나는 너희들과 새로운 여행을 시작하려고 해. 우리들의 관계 역시 시간이 흐르면서 변화하겠지. 행복한 순간도 있을 것이고 긴장된 시간도 맞게 될 거야. 하지만 이 여행은 한 걸음 한 걸음 소중하게 간직될 여행이란다. 내 생애 가장 귀중한 여행이 될 테니까.

언제까지 나 너를 돌볼 거야

타라 네가 태어났을 때, 나는 늘 너를 안고 싶어했어. 너를 안고 있을 때 느껴지는 따스함과 아기 냄새가 좋았고, 네 표정을 지켜보는 것도, 널 품에 안고 있는 느낌도 너무 좋았거든.

넌 내가 품에서 내려놓기만 하면 울었지. 그럴 때면 바로 다시 안아 쓰다듬고 뽀뽀하며 달래주었어. 사람들은 내가 너무 응석을 받아줘서 버릇을 잘못 들인다며, 가끔 울기도 해야 폐 기능 발달에도 좋고 독립성도 키워줄 수 있다고 말했지. 하지만 나는 이런 말을 받아들이기 어려웠어. 아기의 버릇이 그렇게 들면 왜 안 되는 거지? 난 아이를 울게 놔두고 외톨이라고 느끼게 하는 것은 옳지 않다고 생각했어.

몇 달이 지나도록 너는 늘 내 곁에 꼭 달라붙어 있었고 낮을 많이 가렸지. 사람들은 네가 울 때 바로 안아서 달래주기보다는 울도록 내버려둬야 낯가림을 극복할 수 있다고 말했어. 계속 그러다간 엄마도 너무 힘들고 아기도 다른 사람들을 대하는 법을 배울 수 없다고 했지. 하지만 나는 이번에도 이 조언을 따르지 않았어. 넌 낯선 사람을 정말로 무서워했고, 내 품 안에서만 안정을 찾았거든. 나는 내가 늘 네 곁에 있다는 걸, 그리고 네가 세상을 알아가도록 내가 늘 이끌어준다는 걸 네가 알아주길 바랐어.

네가 6개월이 되었을 때 우리 가족은 인도에 다녀왔고, 그때 너를 한 침대에서 재웠지. 그러자 여행에서 돌아온 뒤에도 넌 혼자 자려고 하지 않고 우리 침대에서 같이 자려고 했어. 사람들은 네가 울어도 내버려두면 금방 제 침대에서 자는 데 다시 적응할 거라고 했어. 물론 맞는 말이겠지만 우리는 누구도 널 울리기 싫었어. 아니, 사실은 너를 우리 침대에 재우는 게 너무 좋았어. 너의 따스한 온기, 부드러운 숨결, 내음, 몸짓……. 이 모두가 우리에게 사랑과 위안을 주었으니까. 아빠와 나는 너 없이 자는 걸 상상도 할 수 없었지.

하지만 사람들은 계속 경고했어. 그러다보면 타라는 평생 우리 침대에서 자게 될 거라고, 그리고 나중에는 억지로 따로 재워야 한다고. 나는 이번에도 이 말을 받아들일 수 없었지. 왜 아기를 억지로 따로 재워야 하지? 타라는 우리와 함께 있을 때 안정감을 느끼고, 우리도 너를 곁에 재우지 않고는 잠들 수 없는데 말이야.

하지만 곧 너는 혼자 자고 싶어할 만큼 클 거야. 그러면 너와 함께 잠들던 일은 우리에게 가장 특별하고 따뜻한 시간으로 남겠지. 엄마 아빠는 그 시간을 정말 소중한 추억으로 간직할 거란다.

이제 거의 두 돌 반이 된 너는 자신감 있고 안정적이며 행복한 아이야. 너는 더 이상 엄마 품에 안겨 있는 걸 원하지 않지. 장난감을 갖고 놀거나 친구들과 뛰어노느라 엄마에게 안겨 있을 틈이 없어. 이제는 낯도 가리지 않고, 오히려 사람들에게 말을 걸며 뭔가 배우고 싶어하는 호기심 많은 아이로 자랐지. 넌 아직도 우리 침대에서 자지만 종종 제 방 제 침대에서 자고 싶다고 말해. 나는 아직도 너와 함께 잠드는 걸 더 좋아해서 그런 날 밤이면 '안 돼'라는 말이 입 밖으로 나오려는 걸 꾹 참아야 할 정도야.

　사람들은 여전히 내게 이런저런 조언을 하고, 내가 잘못하고 있는 거라고 말해. 나는 아주 공손하게 그들의 조언을 듣긴 하지만 난 이미 알고 있어. 그저 내 마음에 따르기만 하면 우리들 사이의, 그리고 우리와 세상 사이의 유대가 더욱 강해지고, 우리 모두 행복과 안정을 느낀다는 것을.

다른 사람은 가르쳐줄 수 없었던, 당신의 아기만이 당신에게 가르쳐준 교훈이나 진실은 무엇인가요?

평생 너와 대화를 나눌 거야

널 가진 걸 알게 되자마자 나는 뱃속에 있는 너에게 말을 걸기 시작했단다. 내 말을 들을 수 있는지는 확실하지 않았지만 엄마의 사랑이 뱃속에 있는 우리 아기에게 자양분이 되고, 엄마가 자기를 소중히 여긴다는 걸 네가 분명히 알 거라는 느낌이 들었거든.

아름다운 것을 보거나 들을 때면 어떻게든 그 기쁨을 너와 나누고 싶어서 배를 부드럽게 쓰다듬었어. 집에 혼자 있을 때는 주변에서 일어나는 일이나 내 기분을 너에게 들려주곤 했지. 산책을 하면서는 조용하게 콧노래를 불렀고, 잠자리에 들기 전에는 내가 좋아하는 시를 읊어주었어. 이런 일을 쑥스러워했던 아빠에게도 아기에게 말을 걸라고 부탁했지. 그럴 때마다 아빠는 어색해했지만 그래도 계속 해달라고 했어.

나 역시 가끔은 뱃속의 너와 대화하려는 내 모습이 조금 바보스럽게 느껴진 적도 있었단다. 하지만 정말 내 몸 안에 있는지조차 실감나지 않는 너와 친해지는 방법은 이것이 전부였어. 내게는 이것이 너에게 이 세상을 보여주는 방법이며, 곧 우리 삶에 찾아올 너를 환영하는 유일한 방법이었지.

넌 태어나자마자 우리 둘의 목소리를 알아들었어. 우리가 나누었던 대화, 콧노래, 그리고 우리가 얼마나 너를 사랑하는지 말했던 속삭임을 네가 기억하는 게 틀림없었지. 그리고 우린 네가 태어난 뒤에도 네가 뱃속에 있을 때부터 나누던 대화를 계속했단다.

지금도 너와 나는 끊임없이 얘기를 나누고 있잖니? 두 돌을 넘긴 너는 주변 모든 것에 대해 재잘거리는 명랑한 아이가 되었어. 어떤 친구 하나는 내가 너에게 말하는 모습을 보고는 아이가 아니라 친구에게 말하는 것 같다고 했지. 그게 아마 우리 대화의 리듬인가 봐. 나는 내 감정과 생각을 너와 나누고 싶고, 너는 여기에 바로 반응해. 네가 곁에 있으면 난 결코 외롭지 않아. 우린 서로의 생각을 나누고 있으니까.

둘째를 갖게 되자 이번에는 네가 나와 함께 뱃속 아기와 대화를 시작했어. 우리는 아기에게 책을 함께 읽어주고, 아기가 태어나면 우리 모두의 생활이 어떻게 바뀔지에 대해 얘기했지. 너는 내 배를 쓰다듬으면서 뱃속의 동생에게 가족과 친구, 장난감, 좋아하는 TV 프로그램에 대해 이야기해주었어. 그리고 너와 나는 아빠에게 말하지. 아기에게 말을 건네라고. 그러면 아빠 역시 이 소박한 즐거움을 뿌리치지 못해.

기쁨과 슬픔을 함께 나눌 수 있는 두 딸, '타라와 릴라'라는 평생의 친구이자 파트너를 얻게 되어서 엄마는 정말 기쁘단다. 세상 모든 부모들이 아기를 가졌을 때부터 대화를 시작한다면, 아이들과 평생 끊어지지 않을 관계를 만들 수 있을 거야.

아기와 신체적, 정서적, 영적으로 어떻게 소통하고 싶은지 글로 써보세요.

앞 세대, 다음에 올 세대들과 관계 맺기

너의 할아버지들, 그러니까 내 아버지와 삼촌은 어린 시절에 서로 가장 친한 친구였단다. 아버지와 삼촌은 인도 전래 신화 '라마야나'에 나오는 의좋은 형제의 이름을 따서 '람'과 '라크시만'이라는 별명으로 불리곤 했지.

아버지와 삼촌이 열두 살, 열 살이었을 때 두 소년은 시장에 가서 몇 주 동안 모은 용돈으로 비비탄총을 샀어. 둘은 부모님이 아시면 혼이 날까 봐 총을 산 이야기는 비밀로 하고, 어느 날 공원에 가서 목표물을 맞히는 연습을 했지. 둘은 이 굉장한 모험을 제대로 계획했어. 한 사람이 머리에 사과를 올려놓고 나무 밑에 서 있으면 다른 한 사람이 사과를 맞혀 떨어뜨리기로 한 거야. 아버지가 먼저 과녁이 되겠다고 해서 삼촌이 첫 발을 쏘았대.

그런데 총알은 사과가 아니라 아버지의 턱에 가서 맞아버렸어. 아버지는 아파서 데굴데굴 굴렀고, 삼촌은 황급히 아버지에게 달려가봤지만 어찌할 바를 몰랐지. 삼촌은 먼저 집으로 가서 아버지(엄마에게는 할아버지)께 모든 걸 말하고 사고를 알려야 한다고 생각했어. 하지만 아버지는 삼촌을 말렸지. 할아버지께서 불같이 화를 내실 걸 생각하면 아픔쯤은 아무것도 아니었거든.

그래서 둘은 친구 집 뒷문으로 가서 몰래 집안으로 들어갔대. 그리고 친구네 하인에게 상처를 닦아달라고 하고는, 총알도 빼지 않은 채 턱에 반창고를 붙였다는구나. 집으로 돌아왔을 때 반창고를 본 부모님이 무슨 일이냐고 물었지만, 형제는 아무것도 아니라는 듯 행동했어. 의사인 친구 아버지에게 상처를 치료받았다고 말하면서 걱정하지 마시라고 했지. 할아버지는 두 형제가 무슨 말썽을 부린 것을 눈치채셨지만 일단은 그냥 내버려두기로 하셨대.

아버지는 밤마다 끙끙 앓았지. 삼촌은 그런 아버지에게 약을 가져다주었어. 하지만 이 모든 극심한 통증에도 형제는 입을 굳게 다물었고, 부모님이 의심의 눈초리를 보내도 흔들리지 않았어. 아버지와 삼촌은 이 사건으로 서로를 궁지에 몰아넣게 될까 두려웠던 거야. 아버지는 동생을 못된 길로 이끌었다고, 삼촌은 총을 쏘았다고 혼이 나게 될 터였지.

결국 며칠 후 상처는 덧났고, 이제 다른 도리가 없었지. 둘은 잔뜩 겁을 먹은 채 할아버지에게 다가가 상처를 봐달라고 말씀드렸어. 반창고를 떼어내고 상처를 소독하던 할아버지는 아버지 턱에 갈라진 틈이 생긴 데다 총알까지 박혀 있는 걸 보고 깜짝 놀라셨지. 하지만 할아버지는 혼을 내지도 않고, 아무것도 묻지도 않으셨어. 오히려 형제의 의리를 존중해주기로 마음먹으셨는지 아무 말씀 없이 총알을 빼내고 상처를 소독해주셨단다.

행동에 책임을 지는 엄마가 될게

말이나 행동을 하기 전, 자신에게 먼저 물어보라는 미국 원주민의 금언이 있단다. "이 말이나 행동이 내 부모, 부모의 부모, 그 부모의 부모의 부모를 부끄럽지 않게 하는가? 이 말이나 행동이 내 자식, 자식의 자식, 그 자식의 자식의 자식을 부끄럽지 않게 하는가?"

이런 마음가짐은 사람과 사람 사이의 관계를 더욱 두텁게 해주지. 또한 우주의 생명체들과도 깊은 관계를 맺을 수 있도록 도와준단다. 결국 우리는 과거 · 현재 · 미래를 잇는 튼튼한 다리가 되는 거야. 그리고 이런 마음가짐은 목표를 이루게 해주는 아주 강한 힘을 지니고 있어. 우리가 왜, 무엇을 이루기 위해 이 세상에 태어났는지 곰곰이 생각해보렴.

나는 내 경험이 나보다 앞서 살았던 이들의 경험과 같다는 것을 깨달았어. 다른 사람들도 내가 고민했던 문제를 고민했고, 내게 주어졌던 상처와 사랑도 똑같이 느꼈다는 걸 알았거든. 게다가 이런 문제들을 극복해야만 새로운 기회가 주어진다는 것도 깨닫게 되었지. 시간을 초월해 우주와 연결되어 있는 우리들은 인류에게 주어진 이 소중한 선물에 감사해야 한단다.

나는 내가 내리는 결정이 먼 후일에 어떤 영향을 미칠까 하고 생각하곤 해. 물론 지금 나는 너희의 엄마로서 안전하고 행복한 환경을 만들어주려고 애쓴단다. 그런데 나는 앞으로 다가올 미래 세대의 어머니이기도 해. 그래서 나는 지구, 세계의 다양한 민족과 문화, 기술, 창의성, 예술, 지식, 그리고 평화에 대해서도 책임을 져야한다고 생각한단다. 나는 너희에게, 그리고 앞으로 다가올 미래의 아이들에게도 기회를 만들어주어야만 해.

　이런 생각을 하니까 지금 이 순간이 얼마나 중요한지, 정말 얼마나 큰 의미가 있는지 깊이 느껴지는구나. 우리 부모들의 행동은 선한 의미와 목적의식을 지녀야만 한단다. 이런 책임감을 느끼는 부모들은 누구나 다 시간을 초월한 위대한 존재가 되는 거야.

우리는 거듭 다시 만나게 될 거야

아가야, 어느 날 밤 나는 너와 함께 노는 꿈을 꾸었단다.

아주 작은 마을에서 우리들은 친구들과 함께 노래하고 춤을 추었어. 얼굴에는 미소가 가득했고 발걸음에는 기쁨이 넘쳤지. 반짝이는 불빛 속에 음악이 흐르고 맛난 음식과 마실 것이 넘쳐났어. 그런데 아가야, 꿈에서 너는 내 언니였단다. 너는 나를 품에 안고서 줄곧 웃게 만들었어. 그리고 동생인 나는 네 얼굴을 만지며 뽀뽀를 했지. 그러다가 우리가 나누는 이런 사랑이 아주 여러 번의 생을 통해 이어져왔다는 느낌이 들었단다.

꿈에서 깨어난 뒤에 나는 우리가 앞으로 수천 년 동안 함께 나눌 멋진 순간들을 모두 상상할 수 있었어. 희망과 모험, 기대감과 소망으로 가득한 멋진 여행을 떠나는 우리들의 모습이 눈에 선하구나. 아마 다음 생에서는 함께 공을 가지고 놀기도 하고, 조그만 바구니에서 같이 잠을 자기도 하는, 한 배에서 태어난 어린 강아지들이 될 지도 몰라. 아니면 사랑과 평화로운 삶에서 기쁨을 얻는 노부부가 될 수도 있겠지. 내가 슬플 때마다 용기를 북돋워주고 무언가를 해냈을 때 미소를 보내주는 자상한 선생님이 된 네 모습도 상상할 수 있어. 우리는 또 밝고 투명한 하늘을 똑같은 날갯짓으로 날아다니는 한 쌍의 새가 될지도 몰라. 우리는 매번 다른 역할과 다른 옷과 다른 성격으로, 다른 장소에서 만나게 되겠지. 우리는 싸우고 웃고 놀고 소리 지르고 춤추면서, 다른 모습을 하고 있는 우주를 발견하면서 즐거워할 거야.

우리는 은하수에 박힌 두 개의 별이나, 장미의 줄기와 꽃봉오리, 아니면 정글에 떨어지는 빗방울로 만날 수도 있겠지. 작은 개울을 졸졸 흐르는 물줄기가 된 너, 그리고 너와 앞다투어 드넓은 바다로 달려가는 내 모습이 눈앞에 그려진다. 우리는 하늘을 가로지르는 아름다운 두 자락의 구름이 될 거야. 또 별들을 따스하게 덥혀주는 태양의 불꽃이 될 거야.

우리는 영겁의 시간을 함께해왔고 또 앞으로도 늘 함께할 거란다. 그래도 엄마는 너를 볼 때마다 기쁨으로 넘쳐. 늘 처음인 것처럼 너를 사랑해. 우리가 거듭 만나 서로 다시 알아갈 그 모든 순간들을 손꼽아 기다리면서.

우리 둘은 엄마와 아기라는, 시간을 초월한 끈을 함께 쥐고 있어. 영원토록 우리를 이어줄 이 사랑을 언제까지나 소중히 간직할게.

너는 우주의 일부란다

옛날 옛날, 까마득히 먼 곳에 반짝이는 별이 하나 있었대. 그 별의 이름은 타라야. 타라는 모든 별들에게 따뜻한 사랑과 빛나는 행복을 주었어. 온 우주는 타라를 아끼고 사랑했지.

타라에게는 소원이 하나 있었단다. 자기 모습을 보고 싶다는 소원이야. 타라는 눈이 없어서 자기 모습을 볼 수가 없었거든. 어느 날 밤, 타라는 곰 곰이 생각했어. '어떻게 해야 내 모습을 볼 수 있지?' 타라는 어떻게 하면 눈을 가질 수 있을까 온갖 궁리를 다했대. 결국 좋은 생각이 났어.

타라는 숨을 깊이 들이쉰 다음 자기의 빛을 우주로 내뿜었대. 은하계에 서 그렇게 멋진 광경은 처음이었지. 타라의 빛을 반사하는 다른 별들과 달 들, 행성들은 커다랗게 탄성을 질렀어. 칠흑같이 어두웠던 하늘은 갑자기 환하고 따스해졌지.

타라에게서 나온 빛줄기 하나가 지구까지 와 닿았대. 지구에는 신비한 숲 과 흐르는 물, 눈 덮인 산, 갖가지 색깔의 꽃으로 가득한 들판이 있었지. 지 구는 타라의 따스한 빛을 가슴 가득 받아들였어. 지구는 아주 행복해졌지.

타라의 빛이 사과나무 한 그루를 잠에서 깨웠단다. 그 사과나무는 타라 가 준 빛으로 맛있는 사과를 키우기 시작했지. 시간이 흐르자 수많은 사과 가 주렁주렁 매달렸대. 타라는 자신의 빛으로 이렇게 맛있는 열매가 열렸다는 걸 몹시 자랑스러워했어.

아름다운 봄날, 어여쁜 여자가 과수원을 지나칠 때 잘 익은 사과 하나가 발 앞에 툭 떨어졌어. 사과를 주운 여자는 찬란한 색깔과 매끄러운 모양에 넋을 잃었지. 그리곤 사과를 한 입 베어 물었는데, 그렇게 맛있는 사과는 지금까지 맛본 적이 없었어. 여자는 남편과 함께 먹으려고 부리나케 집으로 달려갔어. 타라는 사과를 나누어 먹으며 행복해하는 두 사람의 모습을 보고 미소 지었어.

여자는 사과에서 나온 힘이 자기 몸 안에 새로운 씨앗을 심었다는 것을 느꼈어. 이 씨앗은 사과 씨가 아냐. 그건 새로운 아기의 씨앗이었지. 여자는 자기 몸 안에서 아기가 자라는 걸 느끼면서 아주 행복해 했단다.

곧 아기가 태어났어. 그 아기는 젊은 부부가 이제껏 본 아기 중에서 가장 예쁜 아기였대. 아기의 눈은 아주 크고 빛났어. 빛을 받으면 눈이 반짝반짝 빛났지. 엄마와 아빠는 아기의 이름을 타라라고 지었대. 아기의 눈을 들여다볼 때마다 두 사람의 얼굴에서도 빛이 났기 때문이지. 하늘에서 아기를 내려다보고 있는 타라도 몹시 기뻤어. 아기의 눈을 통해 자기의 모습을 볼 수 있었거든.

아기 타라는 매일 밤 별들을 바라봤어. 아기는 깔깔 웃고 옹알이를 하면서 별들에게 말을 건네곤 했지. 아기 타라가 가장 좋아하는 별은 밤하늘에서도 가장 밝게 빛나는 별이야. 아기 타라는 그 별을 보면서 정말 아름답다고 생각했어. 아기 타라는 잠들기 전에 별에게 손으로 키스를 보냈단다. 물론 별도 아기 타라에게 웃어주었지. 웃을 때마다 아기 타라만이 볼 수 있는 아주 특별한 빛을 비춰주면서…….

　아기 타라는 자신이 우주의 일부라는 걸 알고 있었어. 아기 타라는 별들과 태양, 지구, 그리고 바람과 이어져 있었지. 아기 타라의 영혼은 밤하늘을 밝혀주는 별처럼 영원히 자유롭게 빛날 거야.

내 아기가 다른 사람들, 또는 지구나 우주와 어떻게 연결되어 있는지 생각해보세요. 그 생각을 이야기하거나 시로 지어보세요.

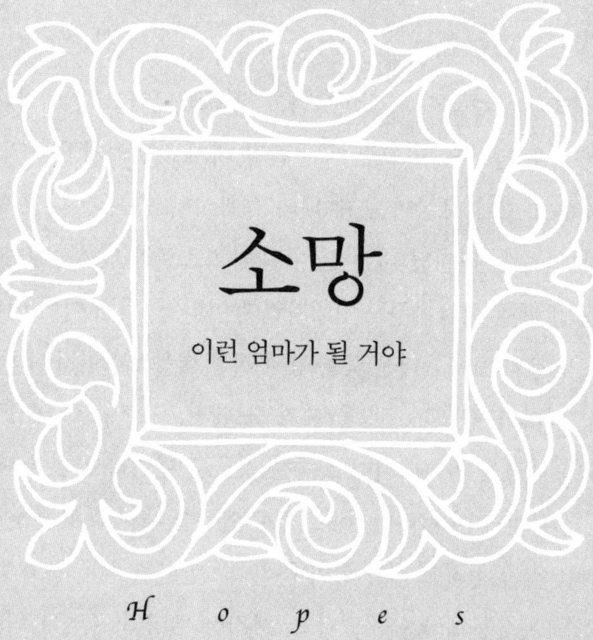
소망
이런 엄마가 될 거야
Hopes

때가 되면 널 놓아줄게

네가 그 크고 빛나는 눈으로 안아달라고, 뽀뽀해달라고 할 때마다 내 마음은 늘 기쁨으로 넘친단다. 그럴 때면 곧장 네게로 달려가곤 하지. 너를 안고 보호해주고 고이 보살피는 게 나의 행복이니까. 네가 나를 필요로 할 때면 정말 뿌듯해. 하지만 나는 늘 이렇게 스스로를 일깨운단다. 나는 짧은 시간 동안 너를 이끌어주는 안내자일 뿐이라고. 너는 이미 너의 여행을 시작했고, 언젠가는 아름다운 꽃을 활짝 피울 꽃봉오리이기 때문이야.

더 이상 엄마가 필요하지 않을 때가 올 테지. 네 스스로 해답을 찾아야 할 때, 혼자 세상을 돌아다니며 소중한 것들을 발견하고 싶을 때가 올 거야. 또 언젠가 네가 다 자라면, 네 스스로 판단을 내리고 행동을 결정할 때가 되었다는 걸 인정하고 너를 놓아주어야만 한다는 것도 알고 있단다.

그때 너를 자유롭게 놓아주겠다고, 하지만 엄마의 조언과 미소가 필요할 때면 언제라도 네 곁에 있어주겠다고 약속할게. 네가 부르면 엄마는 언제나 달려갈 거야. 네가 엄마를 필요로 할 때면 흔들리지 않는 바다의 닻처럼 꼭 네 곁에 있어줄게. 때때로 힘들긴 하겠지만 나는 늘 너의 자유를 존중할 거야. 그리고 네가 자신감과 기쁨, 안정감을 느끼며 자유로이 날 수 있도록 날개를 달아줄 거야.

아이들에 관하여 _칼릴 지브란의 『예언자』 중에서

아기를 품에 안은 한 여자가 말했다.

아이들에 관해 말해주십시오.

그러자 그는 이렇게 답했다.

당신의 아이들은 당신 소유가 아닙니다.

아이들이란 스스로 갈망하며 자라는 삶의 아들이며 딸입니다.

그들은 당신을 거쳐 태어났지만 당신으로부터 온 것이 아닙니다.

당신과 함께 있지만 당신에게 속해 있는 것은 아닙니다.

당신은 아이들에게 사랑을 줄 수 있지만 생각을 줄 수는 없습니다.

그들은 스스로 생각하기 때문입니다.

당신은 아이들에게 육체의 집을 줄 수는 있어도

영혼의 집을 주지는 못합니다.

그들의 영혼은 내일의 집에 살고 있고

당신은 그 집을 결코, 꿈속에서도 찾아갈 수 없기 때문입니다.

당신이 아이들처럼 되려고 노력하는 것은 괜찮지만

아이들을 당신처럼 만들려고 하지는 마십시오.

삶이란 뒷걸음쳐 가는 법이 없으며,

어제에 머물러 있는 것도 아니기 때문입니다.

당신은 활이며, 당신의 아이들은 그 활에서 쏘아진 살아 있는 화살입니다.

사수射手된 신께서는 무한의 길에 놓인 과녁을 보시고

그분의 화살이 바르고 멀리 도달할 수 있도록 당신을 구부립니다.

신의 손길에 당신이 구부러짐을 기뻐하십시오.

그분은 날아가는 화살을 사랑하는 만큼 그 자리에 남은 활도 사랑하시기 때
문입니다.

행동으로도 모범을 보이는 엄마가 될게

부모님은 내가 열 살 때 명상을 시작하셨어. 그런데 명상을 시작하신 지 몇 주 만에 우리 집에는 커다란 변화가 찾아왔단다. 애연가였던 아버지께서는 담배를 피우러 집 바깥으로 나가던 일을 그만두셨지. 또 술을 즐기던 아버지 때문에 레스토랑에서 위스키나 와인을 주문하는 일을 두고 티격태격하던 부모님은 더 이상 술을 주문하지 않으셨어. 부모님은 함께 산책과 운동을 하는 데 더 많은 시간을 보내셨고, 부모님의 얼굴에서는 늘 웃음이 떠나지 않았지. 두 분은 더 큰 인내심으로 우리에게 다가오셨고, 전처럼 우리를 엄하게 대하지도 않으셨단다. 뭘 하라고 시키는 대신 우리와 조용히 대화하는 걸 즐기게 되셨지. 두 분은 전보다 더 행복해지셨어. 우리도 부모님을 대하는 일이 더 즐거워졌고.

부모님은 우리 남매에게 단 한번도 명상을 하라고 권하신 적이 없어. 오히려 내가 먼저 명상을 배우고 싶다고 말했지. 나도 부모님과 그 새로운 경험을 함께 나누고 싶었거든. 고작 열 살이었으니까 인생 경험이라곤 거의 전무한 나이였지만, 명상이 부모님을 얼마나 행복하게 만들었는지 눈으로 직접 보았기 때문에 나 역시 명상을 해보고 싶었던 거야.

하지만 자라면서 명상에 대해 까맣게 잊고 산 적도 많아. 명상에 관심을 둘 여유 없이 허둥지둥 몇 달 동안 보낸 적도 있어. 그래도 부모님은 명상을 하라고 말씀하지 않으셨어. 그저 내가 원할 때 부모님의 명상 시간에 함께 참여하면 그것만으로도 대환영이셨지. 부모님은 이렇게 내가 무엇을 하고 싶은지, 그리고 내 삶과 운명을 어떻게 일궈나가고 싶은지에 대해 내 스스로 결정하도록 하셨단다.

부모로서 우리는 너희 스스로 결정을 내리도록 내버려두는 게 몹시 어렵고 힘들 때가 많아. 너희에게 무엇이 가장 좋은지 알고 있는 사람은 부모밖에 없다고 믿기 때문이야. 하지만 너희들을 자신의 선택에 자신감과 확신을 갖는 아이들로 키우려면, 스스로 결정을 내릴 수 있는 권리를 주어야 할 거야. 그리고 우리들은 그저 너희들이 기꺼이 따를 만한 귀감이 되어야 하겠지.

아이들이 내게서 무엇을 배울 수 있을까요? 내 아이에게 어떤 모범을 보이고 싶은가요?

네 몸을 아끼고 돌봐줄 거야

나는 가족은 물론 친구들 사이에서도 식습관이 나쁜 사람으로 알려져 있어. 나를 저 유명한 '디팩 초프라의 딸'로 보는 사람들은 점심시간에 내가 몸에 좋은 콩류나 채식주의 식단 대신 콜라와 초콜릿 칩 쿠키를 주문하는 걸 보고 놀라움을 금치 못하지.

젖을 뗄 때 너에게 음식을 먹이기 시작했을 때, 나는 내 나쁜 식습관을 물려주지 않아야겠다고 결심했어. 그래서 너에게 과일과 야채를 먹이려고 무척 애썼지. 어린 아기였던 너는 처음에 선택의 여지가 없어선지 이를 상대적으로 쉽게 받아들였어. 하지만 네가 점점 커나가면서 네 고유의 미각이 생긴 것 같아. 너는 내가 그동안 무엇을 먹었는지 살펴보았고 어느새 나처럼 먹고 싶어했어.

어느 날 슈퍼마켓에서 계산을 하고 있는데 네가 엠앤엠스 초콜릿을 사달라고 했지. 너는 태어난 지 고작 18개월밖에 안 되었지만, 그동안 내가 슈퍼마켓 계산대에 진열된 초콜릿을 사먹는 걸 관찰하고 있었던 거야. 이제 이 일은 장을 보러 갈 때마다 계속 반복될 게 분명했어.

너는 내가 초콜릿을 줄 때마다 세상에서 가장 환한 웃음을 지으면서 이렇게 말하지. "타라하고 엄마는 초콜릿 좋아해!" 그렇게 말하는 너는 너무 사랑스럽지만, 내가 지금까지 떨치지 못했던 나쁜 버릇을 네게 가르친 것 같아 난 죄책감을 느낀단다.

엄마인 내가 사랑하는 너에게 나쁜 버릇을 물려줄 수는 없어. 드디어 식습관을 바꾸고 운동을 해야 할 시기가 온 거야. 너는 너무 어리기 때문에 내가 너에게 건강한 습관을 보여주지 않는 한 네 스스로 건강한 습관을 찾을 수는 없을 테지.

나는 이제 밖에서 사먹는 대신 집에서 직접 요리를 하고, 과일과 야채를 더 많이 먹고, 모두 둘러 앉아 저녁을 먹는 습관을 내 생활로 만들어야 한다는 걸 깨달았어. 어떨 때는 억지로 시금치를 목구멍 안으로 들이미는 게 고역이지만, 음식을 먹는 내 모습을 네가 늘 지켜보고 있으니 웃으면서 먹을 수 있지. 너와 함께 맛있게 먹을 수 있는 멋진 요리법을 생각해내는 것도 즐겁단다. 가끔 너에게 새로운 음식을 먹이는 게 힘들긴 하지만 어린 아기인 너는 나보다 더 쉽게 그것을 받아들이더구나.

또 나는 식습관만 바꾸는 것이 아니라 너와 함께 바깥에 나가 달리고 공을 차며 노는 시간을 더 늘렸어. 아침마다 요가와 명상 계획을 짜면서 우리 가족의 건강에도 더 큰 관심을 갖게 되었지.

이런 변화가 너와 나의 건강을 약속해주겠지? 우리는 힘과 활력이 넘치는 건강한 사람으로 거듭나 평생 동안 알찬 삶을 살아나갈 거야. 혹시 병에 걸려도 더 잘 싸워나갈 수 있을 거고. 나는 내 몸을 소중하게 다루는 법을 가르쳐 준 너에게 진심으로 감사해.

널 비판하지 않을게

우리 남매는 아버지의 여러 실험과 철학의 시험 대상이 되곤 했단다. 어린 기니피그처럼 우리는 점이나 심령체험에 사용되는 위자보드에서 (내 초콜릿 중독을 고치기 위한) 최면술, 그리고 기억력 및 어휘력 증진을 위한 마술까지 각종 실험의 대상이 되었지.

그런데 아버지께서 우리에게 가르쳐주신 가장 훌륭한 사고방법은 3C였어. '비판criticizing, 불평complaining, 비난condemning하지 않기'가 바로 그것이야. 네 외삼촌과 나는 사람이나 장소, 상황에 대해 부정적인 감정을 표현하지 않고 얼마나 오래 버틸 수 있는지 게임을 하기도 했어. 게임을 하면서 그런 훈련이 세상을 바라보는 우리의 관점을 얼마나 바꿔놓는지 알게 되었지.

상대방에 대한 비판을 멈추면 거친 행동 뒤에는 깊이 뿌리박힌 어떤 원인이 있다는 걸 깨달을 수 있어. 비판은 상대방의 잘못을 지적한다기보다 자기 자신의 불안이나 불행을 드러내는 행위일 뿐이지. 또 불평을 그만두면 새로운 눈을 뜰 수 있게 된단다. 막중한 책임감 속에서 상황을 더 잘 관리할 수 있게 되지. 갑자기 닥친 불행도 불평하지 않고 다시 생각하면 얼마든지 자유롭게 헤쳐나갈 수 있어. 다른 사람의 잘못을 들추어 비난하는 것도 좋지 않아. 비난은 문제를 해결하지도, 상황을 개선하지도 못한단다.

사실 우리가 사는 이 세상은 우리를 둘러싼 사람, 장소, 사물에 의해 만들어지는 게 아니라 바로 우리 자신이 창조해가는 곳이야.

내가 어른이 되면서 이 3C 게임은 격려와 균형, 힘을 부여하는 도구가 되었어. 네 외삼촌이랑 아빠와 함께 마이애미에서 집으로 돌아오던 어느 날, 우리는 3C를 어기지 않고 누가 제일 오래 가나 내기를 했던 적이 있어.

우리는 비행기를 놓치는 일로 아침을 열었지. 그 때문에 공항에서 다섯 시간을 기다려야 했단다. 게다가 나는 음료수를 무릎에 쏟았고, 아빠는 컴퓨터 배터리가 나가 다음 날 아침까지 제출해야 하는 과제를 완성할 수 없는 상황이었어. 네 외삼촌은 갑자기 일어난 심한 재채기 발작으로 두 눈까지 붉게 충혈되었지. 그날은 아침부터 저녁까지 우리를 난처하게 만드는 여러 가지 일들이 계속해서 일어났어. 결국 마이애미에서 뉴욕으로 가는 아주 간단했어야 할 여행은 무려 열두 시간이나 걸렸단다. 하지만 3C의 약속은 굳게 지켜졌어. 그 게임 덕분에 몹시 짜증날 뻔했던 여행이 오히려 재미있었지. 세 사람 모두 우리가 처한 이 곤혹스런 상황에 대해 웃을 수 있었기 때문이야.

어떤 사람이나 사물에 대해 비판이나 불평, 비난을 하지 않고 하루를 보내 보세요.

네 모습 그대로가 좋아

어느 날 아빠가 네게 옷을 입히고 있었어. 너는 아주 분명한 말로 타이츠는 신지 않겠다고 말했지. "뚱뚱해 보여." 그게 네가 말한 이유였어. 우리는 깜짝 놀라 귀를 의심하며 서로의 얼굴을 쳐다보았단다. 이제 갓 두 돌이 지난 어린 아기의 입에서 나올 말은 아니었기 때문이지.

우리는 바로 그날 아침 TV에서 젊어 보이려고 극단적인 방법까지 선택하는 사람들을 다룬 다큐멘터리를 보았어. 보톡스에서 지방흡입까지 다양한 미용성형 수술이 소개되었고 거기에 탐닉하는 환자들도 보여주었지.

그러니 너의 말이 얼마나 큰 충격으로 다가왔는지 상상할 수 있을 거야. 먼저 나는 나 자신에게 정말 화가 났어. 자기가 뚱뚱해 보인다는 너의 말은 전적으로 내 책임이었기 때문이지. 나는 매일 네 아빠에게 '나 뚱뚱해 보여?'라고 물었거든. 네가 그 말을 듣고 배운 게 틀림없었지. 네가 항상 우리의 말을 귀담아듣는다는 건 알고 있었지만 이번 일은 특히 뼈아픈 교훈이 되었어. 아이는 부모의 말을 귀담아들을 뿐만 아니라, 자기가 보고 듣는 바를 통해 자신의 이미지를 만들어가기 때문이지. 나는 즉시 네 앞에서 더욱 말조심해야겠다고 다짐했어. 그리고 우리들 모두 다 아름답다는 이미지를 심어주어야겠다고 굳게 결심했지.

그 TV 다큐멘터리는 내게 다른 것도 알려주었단다. 나는 사람들이 더 예뻐지고 젊어지기 위해서 극단으로 치닫는 모습에 경악했지만, 그들이 외모에서 느끼는 콤플렉스에 깊이 공감하고 있었거든. 나 역시 뚱뚱해 보일까 봐 늘 안절부절못했고, 코가 너무 커서 항상 불만이었어. 열여섯 살부터는 기어이 꼭 코 수술을 하고 말 거라고 늘 다짐하곤 했지. 물론 결정적인 순간마다 이유가 생겨서 수술은 항상 뒷전으로 밀려났고, 온 가족 모두 성형수술에 반대하는 입장이라 코 수술을 실행에 옮기는 것은 쉽지 않았어. 그런데 이 다큐멘터리와 너의 말이 맞물리자, 나 자신에 대해 갖는 이미지가 네가 만들어가는 너의 이미지에 얼마나 큰 영향을 미치는지 생각하게 되었단다.

우리는 젊음과 미모에 집착하는 사회에 살고 있어. 하지만 젊고 아름다우면서도 몹시 외롭고 비참하게 사는 이들도 수없이 많다는 걸 알아야 해. 나는 네가 자신에 대해, 그리고 자신이 이룰 수 있는 것에 대해 자랑스러워하길 바란다. 그리고 외모로 자신을 판단하지 않는 법을 네게 꼭 가르쳐주고 싶어. 나는 네가 건강하고, 활력과 힘이 넘치고, 행복한 사람에게서만 볼 수 있는 아름다움을 발산하기를 바란단다. 네가 외모 때문에 의기소침해진다면 나는 너를 힘껏 격려해줄 거야. 내면이 아름다우면 그 아름다움은 언제나 바깥으로 드러난다는 걸 알려줄 거야.

이날 내가 얻은 교훈은 너와의 소중한 약속을 지키려면 나부터 먼저 자신의 아름다움을 발견하고 행복감을 느껴야 한다는 것이었어. 언젠가 친한 친구가 내게 말해주었지. 너는 네 코에 감사해야 한다고. 나를 나로 보이게 만드는, 내게 고유한 아름다움을 선사하는 게 바로 내 코이니까.

자주색 모자

3세: 거울 속에 여왕이 산다.

8세: 거울 속에 신데렐라나 잠자는 숲속의 공주가 서 있다.

15세: 거울을 보며 뚱뚱하고 여드름쟁이에 못생겼다고 생각한다.(엄마, 나 이 꼴로는 학교 못 가!)

20세: 거울을 보면서 자기가 너무 뚱뚱하고/말랐고, 키가 너무 작고/크고, 머리는 너무 생머리/곱슬이라고 생각한다.

하지만 그래도 대문을 나선다.

30세: 거울을 보면서 자기가 너무 뚱뚱하고/말랐고, 키가 너무 작고/크고, 머리는 너무 생머리/곱슬이라고 생각한다. 하지만 시간이 없으니 그래도 서둘러 대문을 나선다.

40세: 거울을 보면서 자기가 너무 뚱뚱하고/말랐고, 키가 너무 작고/크고, 머리는 너무 생머리/곱슬이라고 생각한다. 하지만 '적어도 깔끔하긴 하잖아'라고 말하면서 대문을 나선다.

50세: 거울을 보면서 '흠, 나군' 하고 말한 뒤 가고 싶은 곳은 어디나 다 간다.

60세: 거울을 보면서 이제 더 이상 거울을 보지도 못하는 다른 사람들을 생각한다. 밖으로 나가 세상을 정복한다.

70세: 거울을 보면 지혜, 웃음, 능력을 갖춘 사람이 있다. 밖으로 나가 인생을 마음껏 즐긴다.

80세: 굳이 거울을 보지 않는다. 그저 자주색 모자를 덮어 쓰고 밖으로 나가
즐거운 시간을 보낸다.

우리 모두 자주색 모자를 조금 더 일찍 써야 하는 게 아닐까?

약속 16

엄마는 늘 네 곁에 있단다

타라, 너의 친구 벤을 기억하고 있겠지? 벤은 여동생이 생기자 몹시 힘들어 했단다. 18개월밖에 되지 않은 어린 벤은 부모의 첫 아기로 자기의 작은 세상 안에 있는 모든 이들에게서 한결 같은 사랑과 관심을 받고 있었지. 그런데 갑자기 여동생 루비가 태어났던 거야.

벤의 엄마는 루비를 낳고 며칠간 병원에 있었는데, 벤은 그렇게 오랫동안 엄마와 떨어져 있어 본 적이 없었어. 게다가 벤을 사랑해주던 사람들은 새로 태어난 이 귀엽고 조그만 여자 동생을 보고는 입을 다물지 못했지.

엄마와 동생이 집으로 온 다음 날 아침, 아기에게 젖을 먹이는 엄마의 모습을 보고 벤은 커다란 마음의 상처를 받았지. 벤은 왜 이런 일이 일어났는지 알 수 없었어. 아기는 엄마 곁에 온종일 꼭 달라붙어 있었지. 엄마는 몹시 피곤해보였지만 동생을 안고서 너무나 사랑스러운 눈으로 바라보았어. 아빠도 엄마와 동생을 보며 미소지었지.

벤은 잔뜩 겁에 질린 얼굴로 그들을 바라보았어. 벤은 아직 말로 자신을 표현할 수 있는 나이가 아니지. 벤은 자기가 얼마나 상처를 받았는지 부모에게 알리고 싶었지.

벤은 엉엉 울면서 엄마 아빠의 침실로 달려가 침대 옆 탁자에 놓여 있던 사진을 가지고 왔대. 쿵쿵거리면서 엄마 아빠에게 다가온 벤은 그 사진을 보여주었어. 활짝 웃고 있는 벤과 엄마 아빠의 사진이었지. 벤은 사진 속의 자신을 가리키면서 큰 소리로 울었다는구나. "애기! 애기!"

엄마 아빠가 눈이 휘둥그레져서 벤을 바라보았어. 벤은 자기가 알고 있는 유일한 방법으로 관심을 청하고 있었던 거야. 아빠는 벤을 꼭 껴안고 눈물을 닦아주면서 벤이 여전히 엄마 아빠의 아기라고 말해주었어. 루비에게 젖을 다 먹인 엄마는 벤을 안고 뽀뽀해주며, 벤이 다시 따스함과 편안함을 느끼도록 오래오래 토닥여주었대. 루비가 깨서 칭얼댔지만 엄마는 눈물을 멈추지 못하는 벤을 꼭 껴안고 있었어. 아빠가 엄마 대신 루비를 안아주었지.

벤이 울음을 그치자 엄마는 언제나처럼, 아니 그 어느 때보다도 더 벤을 사랑한다고 말해주었어. 그리고 이렇게 덧붙였지. "벤은 이제 오빠가 되었어. 엄마는 오빠가 된 벤이 아주 자랑스러워. 어린 동생을 키우려면 네가 엄마를 도와줘야 해. 넌 엄마를 도와줄 수 있지? 우리 벤은 어느 누구보다 잘해낼 거야."

엄마는 언제나 벤이 하는 말에 귀를 기울이고, 전처럼 벤과 놀면서 따스하게 보듬고 안아주겠다고 약속했대. 벤은 엄마의 말과 목소리에서 커다란 위안을 얻었어. 그리고 앞으로 루비의 오빠가 될 힘을 얻었지.

엄마는 네가 자랑스러워

타라, 네가 처음으로 기저귀가 아닌 변기에 쉬를 했던 때를 기억하고 있니? 그것은 내게도 잊지 못할 사건이란다. 네가 정말 자라고 있고 다음 발달 단계로 나아갈 준비가 되었다는 걸 깨닫게 했으니까. 그저 배변 연습일 뿐인데도 네가 더 독립적인 존재가 되도록 돕는 일은 왠지 가슴이 아팠어.

배변 훈련은 네게 정말 중대한 사건이었어. 너는 우리가 말하는 대로 따라할 수 있는 나이였지만, 이 일은 네게 그렇게 쉽지 않았거든. 너는 우리가 너에게 뭔가 큰일을 원한다는 걸 알고 있었어. 그리고 이 새로운 도전을 기꺼이 받아들이는 것처럼 보였지. 나는 네게 너의 사촌 오빠와 언니들, 친구들, 엄마, 아빠, 그리고 모든 어른들이 다 변기에서 '쉬야'를 한다고 말해 주었지. 너는 사촌 언니들처럼 '언니'가 된다는 것에 마음이 동했어.

첫날, 너는 기저귀가 아니라 팬티를 입고 화장실에 가는 게 놀이라고 생각했어. 하지만 하루가 끝날 때쯤 넌 변기에 앉는 게 지겨워졌고 더 이상 변기 놀이를 하지 않겠다고 분명하게 말했어. 다음 날 아침 내가 팬티를 입히려고 하자 너는 몹시 슬퍼하며 내가 다시 기저귀를 채워줄 때까지 서럽게 울어댔지. 나는 어찌해야 할지 알 수 없었어. 네 스스로 다음 단계로 넘어갈 준비가 되었다고 자신 있게 결정해주기를 원했기 때문이야. 결국 너를 돌봐주는 마노라마와 나는 너에게 선택권을 넘겨주었어. 네가 원해서 변기를 사용한다면 그때마다 잘했다고 칭찬해주기로 했지.

다음 며칠 동안 너는 변기를 받아들이기도 하고 거부하기도 하는 모습을 번갈아 보여주었어. 너는 변기를 쓸 때마다 우리 모두가 자랑스럽다고 말해주는 걸 좋아했고, 할머니와 통화를 하거나 사람들이 찾아올 때면 그것을 자랑하기도 했지. 아빠가 오면 달려가서 안기며 소리쳤어. "아빠, 타라가 자랑스럽지? 타라가 쉬야 했어! 엄마는 타라가 많이 많이 자랑스럽대." 너는 네 행동이 우리를 즐겁게 한다는 걸 알았어.

어느 오후, 마노라마는 너를 데리고 화장실로 갔어. 하지만 기저귀를 벗겨보니 이미 기저귀에 볼일을 본 뒤였지. "오, 타라." 마노라마가 부드럽게 말했어. "기저귀에 벌써 쉬야를 했구나." 너는 싱글벙글하면서 순진하게 대답했지. "응, 타라가 많이 많이 자랑스럽지? 타라가 쉬야를 많이 많이 했어!" 마노라마는 너의 모습에 미소를 지었어. 그리고 우리 모두 언제나 너를 자랑스럽게 생각한다고 말하면서 꼭 껴안아주었지.

너의 말은 어린 아이들이 얼마나 천진난만한지, 그러면서도 우리의 반응에 얼마나 예민한지, 우리가 하는 말 한마디가 얼마나 중요한 자극이 되는지 알게 해주었단다.

네 마음껏 세상을 탐험하렴

"사모님, 오늘 제가 타라를 공원에 데려가도 될까요?"

간단한 질문이었지만 나는 마치 벼락을 맞은 듯했단다. 갑자기 맥박이 뛰고 손에 땀이 나기 시작했어. 지금까지 너는 언제나 나와 아빠, 우리 부모님 같은 내가 완전히 신뢰하는 사람들하고만 함께해 왔거든.

이런 제안을 한 앤젤라는 우리 집에서 청소를 해주는 아가씨야. 내가 집에서 일하는 날이면 이따금씩 너와 함께 놀아주곤 하는. 물론 앤젤라를 못 믿는 건 아니지만 유모차의 안전띠를 매는 법이나 알고 있는지, 네가 우유를 먹고 싶어할 때 금방 눈치챌 수 있는지, 네가 추위할 때 얼른 카디건을 입혀줄 수 있는지 확신할 수가 없었어. 게다가 각양각색의 사람들이 많이 모여 있는 공원은 어떤 일이 일어날지 모르는 장소란다. 그래서 너를 위해 그런 결정을 내릴 수 있는 사람은 나뿐이라고 생각했지.

하지만 나는 호흡을 가다듬고 말했어. "그럼!" 그리곤 가벼운 한숨을 한 번 더 내쉬었지. "날씨가 좋아서 타라도 아주 좋아할 걸." 살아오면서 이처럼 운을 떼기 어려운 말은 없었단다. 기저귀 가방을 싸면서 나는 불안한 마음보다는 네 물건을 챙기는 일에 집중하려고 애썼어. 너와 앤젤라를 문 앞까지 바래다주는 순간이 오자 갑자기 일은 나중에 하고 나도 같이 나갈까 생각하기도 했단다. 하지만 마음 한편으로는 너를 다른 사람과 함께 내

보낼 줄도 알아야 한다는 생각이 들었어. 이것은 내게도 중요한 사건이 될 것이기 때문이지.

사촌 언니가 자기 아들을 처음 유치원에 데려다주고 온 날에 대해 해준 이야기가 생각나는구나. 언니는 자기만 두고 가지 말라며 무릎을 끌어안고 매달리는 아들을 뿌리쳤대. 언니는 아들에게 괜찮을 거라고, 유치원을 좋아하게 될 거라고, 그리고 금방 다시 데리러 오겠다고 약속했지. 이렇게 말하고 유치원 바깥에서 서성이던 언니는 하지만 채 30초도 안 되어 모래장난에 열중하는 아들을 보게 되었어. 섭섭해진 언니는 자기 차로 돌아가 문을 닫고 한껏 흐느껴 울었다고 했지. 이런 게 바로 엄마의 마음이란다.

내가 대학에 진학하게 되어 집을 떠나던 날도 생각난다. 부모님 두 분이서 나를 학교까지 태워다주고 가셨는데 몇 시간 후 집에 잘 도착하셨는지 전화를 걸자 아버지께서 엄마가 이런저런 이유로 지금은 전화를 받을 수 없다고 핑계를 대셨어. 엄마는 감정이 너무 복받쳐서 전화를 받으실 수 없었던 거야. 4년 후 네 외삼촌이 대학에 진학하면서 집을 떠났을 때도 엄마는 일주일이 넘도록 외삼촌의 이름만 들어도 눈물을 보이시곤 했지.

몇 년 뒤, 나는 네 아빠와 결혼을 하기 위해 인도로 가게 되었어. 결혼식 날짜를 한 달쯤 남겨놓고 미리 미국을 떠났지. 엄마는 이미 인도에 가 계셨고 동생과 아버지는 보름 후에 인도로 올 거였어. 인도로 떠나기 전 친정에서 보낸 마지막 날은 내 평생 잊지 못할 거야. 그날은 하루 종일 짐을 꾸리면서 여기저기 전화를 거느라고 너무 바빴어. 그래서 난 아버지와 함께 공항으로 가는 차를 타고 나서야 비로소 아버지가 종일 나와 마주치길

피하셨다는 걸 깨달았단다. 아버지는 공항에 닿을 때까지 아무 말 없이 앉아 계셨어. 그제야 부모님 곁을 떠난다는 게 실감났지. 출국장을 나가면서 아버지에게 손을 흔들려고 뒤를 돌아다봤는데, 비록 뒷모습이었지만 아버지의 손을 보고 알 수 있었단다. 아버지가 남몰래 눈물을 훔치고 계시다는 것을. 나는 지금도 그 모습을 잊을 수가 없어.

너와 앤젤라는 한 시간이 조금 지나자 공원에서 돌아왔어. 문이 열리는 소리를 듣자마자 나는 얼른 책상 앞으로 달려갔단다. 안절부절 못하면서 시간을 보낸 게 아니라 열심히 일했던 척 하려고. 앤젤라가 유모차를 밀면서 현관 안으로 들어오자 나는 그제야 아무렇지도 않은 듯 네게 눈길을 주었지. 너는 유모차에서 안전벨트를 단단히 매고 카디건을 챙겨 입은 채, 평화로운 미소를 띠며 곤히 잠들어 있었어.

씨앗의 침묵 _해리 알프레드 위기트

나는 네가 콩깍지에서 땅으로

떨어지는 소리를 듣지 못했다.

나는 네가 태어날 때

부르거나 울어젖히는 소리를 듣지 못했다.

나는 네가 조용히 자라면서

한숨짓는 소리를 듣지 못했다.

왜냐고 묻는 소리도 듣지 못했다.

신이 너를 너로 만드셨기 때문에.

하지만 너는 침묵으로 웅변했다.

자신감과 힘을,

굳은 땅을 뚫고 빛을 향해 움튼

생명의 의미를.

너와 내 삶 사이에서 균형 잡기

엄마가 되면서 겪은 가장 큰 어려움은 너희들에게 충분한 시간과 관심을 쏟으며 육아에 적극적으로 참여하는 것과 내 일에 대한 성취욕 사이에서 균형을 찾는 거였어. 이런 도전은 엄마이면서 동시에 직업정신이 투철한 여성인 내 친구들 모두가 겪고 있는 문제이기도 했지. 좋은 엄마로 살면서 동시에 내 일을 잘해낼 수 있을까?

의사, 박사, 전문 경영인, 광고 기획자, 방송 프로듀서, 컨설턴트 등등 전문 직종에 종사하는 내 친구들 대부분은 자기 분야에서 성공을 거두기 위해 수년 동안 공부와 일에 매달려왔단다. 하지만 엄마가 되면서 아기들과 시간을 보내기 위해 일을 그만두는 사람들도 생겼어. 그들은 이것을 희생이 아니라 자기가 원해서 하는 일로, 평생 다시 오지 않을 소중한 시간으로 생각하지.

하지만 일을 그만두어야 하는 현실은 많은 이들에게 아주 힘든 결정이야. 언제나 아이디어가 넘치고, 활력과 지적인 작업, 사회적 교류 등 직장 생활의 매력에 익숙한 사람들은 집 안에만 머무르는 게 쉽지 않단다. 이는 엄청난 변화야. 그 때문에 불행해지는 사람도 많거든.

일찍이 이 점을 깨달았거나, 육아 휴직 뒤에는 복직하기가 어렵다는 사실을 안 엄마들은 아예 쉬지 않고 일을 계속하기도 해. 이런 엄마들은 거의 모두 죄책감에 시달리면서 뭔가 잘못하고 있는 것은 아닌지 늘 불안해한단다.

나 역시 너희를 놓아두고 일터로 나간 엄마야. 나는 너희에게 충분한 시간을 할애하지 못한다는 죄책감을 떨치지 못했어. 육아와 일 사이에서 균형을 찾느라 늘 노심초사했지. 나는 끊임없이 정말 내가 중요한 일을 하고 있는 건지 스스로에게 묻곤 했어. 결국 나는 너희와 더 많은 시간을 보내기로 결정했지. 상대적으로 일에서 크게 성취하지 못해도 괜찮다고 생각한 거야. 하지만 또 하나 깨달은 점이 있어. 내가 행복하고, 성취감을 느끼고, 자신감이 있어야 좋은 엄마도 될 수 있다는 사실이야. 솔직히 말하면 엄마이면서 동시에 직업인일 때 행복과 성취감, 자신감도 느낄 수 있었어. 그리고 무엇보다도, 너희들과 함께 나누는 시간이나 활동 등으로만 좋은 엄마인지 여부를 결정할 수 없다는 것은 가장 중요한 깨달음이었지.

모성은 이런저런 할 일을 적어놓은 목록이나 성취, 성적, 승진, 직함, 작업으로 평가되는 게 아니란다. 모성이란 사랑하고 아끼며, 귀 기울이고 안아주는 거야. 너희를 사랑으로 키우고, 너희가 커가는 모습을 지켜봐주며, 바른 길로 인도하는 일이지. 또 너희가 품안에 있을 때 바로 그 순간을 무엇보다 소중하게 아끼고, 함께 깔깔대고 웃고, 너희가 새로운 것을 배울 때 같이 기뻐하는 것이란다. 몸과 마음, 영혼이 진정으로 너희와 함께하는 것, 나 자신이 만족하는 일을 함으로써 너희도 더욱 자긍심과 성취감, 안정감으로 빛나게 만드는 것, 그것이 바로 모성이야.

우리 함께 더 나은 세상을 만들자

911이 터지던 날은 너를 내 안에 품은 지 6개월 쯤 지났을 때야. 그날 아침 갑자기 전화벨이 울렸을 때 아빠와 나는 아직 꿈나라를 헤매고 있었어.

전화선 너머에서 들려오는 아버지의 목소리는 평소와 달리 날이 서 있었단다. 당신이 방금 시카고행 비행기에서 내리셨는데, 시카고 공항 전체가 온통 술렁거리고 있다고 말씀하셨어. 아버지가 탄 비행기가 착륙하기 직전에 다른 비행기 한 대가 북쪽 타워를 들이받았다고도 하셨지. 우리는 아버지가 무슨 말씀을 하시는지 전혀 알아듣지 못했단다. 하지만 TV를 켜자 끔찍한 악몽이 기다리고 있었어.

아버지는 좀처럼 마음을 진정하지 못하셨어. 네 외삼촌이 뉴욕발 LA행 아메리칸 에어라인 비행기에 타고 있었기 때문이야. 뉴스에서는 북쪽 타워와 충돌한 비행기가 9시에 JFK 공항을 출발한 LA행 아메리칸 에어라인 항공기라고 말했거든. 그것은 바로 네 외삼촌이 탄 비행기였지.

아버지와 통화를 하는 동안에도 TV 앵커들은 계속 속보를 내보냈어. 네 아빠는 계속 여기저기에서 정보를 수집했고, 나는 아버지를 진정시키려고 애썼어. 그때 다른 전화로 이모님이 전화를 하셨단다. 이모는 네 외삼촌이 공항에 타고 갔던 차량을 조회해보시고, 이미 비행기에 관한 상세한 정보를 입수하신 상태였어.

이모님의 전화를 받고 있는 바로 그 순간 두 번째 비행기가 남쪽 타워를 들이받았어. 우리는 엄청난 공포에 휩싸여 뉴스를 보았고, 도대체 무슨 일이 일어나고 있는지 이해할 수 없었지. 네 외삼촌의 행방은 전혀 알 길이 없었고, 엄마는 런던에서 뉴욕으로 오는 비행기에 몸을 싣고 계셨거든. 사건 현장 근처에서 일하는 사촌 카니카와 월드트레이드센터에서 근무하는 친구들…… . 내가 아는 여러 사람들의 이름이 주마등처럼 스쳐갔어. 그런데도 우리는 뭘 해야 할지, 어찌해야 할지 몰랐어. 계속 전해지는 이 끔찍한 뉴스 앞에서 우리가 할 수 있는 일이라곤 아무것도 없었단다.

그 다음 몇 시간이 어떻게 흘러갔는지는 기억할 수조차 없어. 충돌한 비행기가 보스턴발 항공기였다는 뉴스를 듣고서 네 외삼촌이 사고 비행기에 타고 있지 않았다는 건 확인되었지만, 외삼촌과 연락이 닿은 것은 다섯 시간이나 지난 뒤였어. 그 시간 동안 또 다른 비행기 두 대가 추락했고, 앞으로 어떤 일이 더 일어날지는 아무도 몰랐지. 엄마가 타신 비행기도 안전하게 착륙하려면 아홉 시간은 더 기다려야 했어. 브리티시 항공사로 전화하자 엄마가 타신 비행기가 뉴욕 착륙을 두 시간 앞둔 채 런던으로 회항했다는 소식을 듣게 되었지. 이모님은 카니카가 무사하며 시내에서 집까지 걸어서 왔다고 전해주셨어. 지금 카니카는 친구와 함께 월드트레이드센터 15층에서 근무하는 친구의 남편을 위해 기도하고 있다고 말씀해주셨지.

우리 모두는 911의 악몽을 절대로 잊지 못할 거야. 나만 해도 가족과 친구들의 생사를 확인하고 모두들 연락이 된 이틀 후에야 겨우 공황상태에서 벗어나 다시 숨을 쉴 수 있었으니까.

911 이틀 후, 산책을 나갔다가 의식을 잃었어. 강렬한 스트레스 때문에 몸에 무리가 왔었나 봐. 이틀 동안 병원에 입원해 있으면서 나는 TV를 끄고 내 안에서 자라고 있는 너만 생각했어. 그리고 너의 미래와 네게 줄 세상에 대해 생각했단다. 이 무지막지한 세상의 폭력과 증오에서 어떻게 내 아기를 보호할 것인지? 지난 48시간을 송두리째 삼켜버린 공포와 증오, 두려움, 슬픔에서 벗어나려면 과연 어디로 가야 하는지?

그런 걱정을 하다 보니 더 근본적인 번민이 엄습해왔어. 사람들은 오래 전부터 고통 받아 왔고 지금도 고통 받고 있었던 거야. 그런데 나는 내 가족의 안위가 염려되는 지금에서야 처음으로 그 사실을 느꼈지. 무고한 어른과 아이들 수백만 명이 학살되었던 르완다. 이스라엘과 팔레스타인에서 매일 저질러지는 살인. 인도, 아프리카, 심지어는 미국의 일부 도시를 끊임없이 강타하고 있는 질병, 빈곤, 그리고 기아. 인도, 파키스탄, 세르비아, 콜롬비아, 아프가니스탄, 동티모르에서 매일 일어나고 있는 테러 행위……. 이 모든 일들을 왜 모르고 있었던 거지?

나는 몹시 혼란스러워졌어. 굳게 믿었던 내 모든 생각, 감정에 금이 가는 소리가 들릴 정도였지. 내가 새롭게 깨달은 세상은 온통 끔찍한 이분법 논리로 가득 차 있었거든. 그곳은 '우리 편이 아니면 우리의 적'이라는 협박과 '선함 대 악함' 따위로 전쟁을 하는 세상이었단다. 이제 나는 어느 편도 들 수 없었어. 테러리스트들도 그들을 사랑하는 가족과 어머니, 형제자매가 있고 그들에게도 꿈과 희망, 야망이 있을 테지. 하지만 무엇이 이들에게 이토록 무시무시한 일을 저지르도록 만든 것일까? 무엇이 이런 증오와 신념을 심어주었을까? 눈에는 눈, 이에는 이라는 복수극과 정의 사이에서 내가 해야 할 역할은 무엇일까?

사실 나는 아직도 여전히 이런 질문과 씨름하고 있어. 복수와 전쟁이 세계를 뒤흔들고 있는 모습을 보면 정말 마음이 착잡하단다. 내 아기에게 선물해야 할 세상이 이토록 끔찍하다면, 너를 이 세상으로 내보내기 전에 엄마인 나는 너를 위해서라도 의미 있는 무언가를 해야만 해. 나는 이렇게 세상에 대해 진정한 책임감을 갖게 되었단다.

부모들은 쉬지 않고 새로운 세대를 세상에 내어놓지. 새로운 세대의 가치관, 우선순위, 관심사, 감정을 형성하는 것은 바로 우리들의 태도야. 우리는 새로 오는 아이들에게 사랑과 친절, 타인을 배려하는 마음을 가르쳐야 해. 그래야 아이들은 이해와 관용, 동정과 연민을 배울 수 있을 거야.

우리 부모들은 삶에서 가장 중요한 역할을 맡은 사람들이야. 내일의 세계 시민을 낳고 있으니까. 물론 새로 태어난 아이들도 역경과 폭력, 갈등을 겪겠지. 하지만 그들은 빛과 희망, 영감을 나누어주는 존재가 될 수도 있어. 우리가 아이들에게 사람을 사랑하고 이해하라고 가르친다면. 이 평화롭고 정의로운 미래를 건설하는 일은 바로 우리 집에서부터 시작될 수 있어. 이것은 내가 예전에는 미처 생각하지 못했던 성스러운 임무란다.

다른 문화, 종교, 사고방식에 대해 아이에게 가르쳐주세요. 당신은 아기에게 어떤 세상을 보여주고 싶은가요?

Traditions

네 삶의 이정표들을 기념할게

나는 너와 함께 살면서 보내게 될 특별한 시간을 생각할 때마다 마음이 부풀어 오르지. 너와 함께 나누고 경험하고 싶은 게 얼마나 많은지 몰라. 그리고 이런 소중한 시간은 빠르게 지나가버리기에 벌써 그리움을 느낀단다.

매년 새 학년을 준비하는 모습을 상상해보렴. 옷과 학용품을 사고 도시락 가방과 배낭도 준비하겠지. 유치원에서 대학까지, 나는 네가 학교를 졸업하는 모습도 그려본단다. 나는 네가 배우고 이룬 것을 지켜보면서 뿌듯해할 테지. 또 해마다 네가 자라는 모습을 지켜보면서 물밀 듯 밀려오는 감동도 느끼게 될 거야.

너는 무용 발표회나 음악회에도 나가고, 운동 경기에도 참여하겠지. 네가 경기에서 이기면 축하를 해주겠지만 질 때라도 네 작은 마음이 다치지 않도록 따스한 위로를 해줄 거야. 나는 네가 무엇에 특별한 관심을 갖고 있는지, 어떤 재능이 있는지 몹시 궁금해. 네가 호기심에 넘쳐 새로운 취미를 갖게 되는 일은 상상만해도 가슴이 뛴다.

네게 운전하는 법을 가르치게 되면 어떤 기분이 들까? 네가 자유롭게 세상을 누비고 다니도록 네 손을 놓아주는 일은 우리 모두에게 정말 큰 사건이 되겠지. 처음으로 혼자서, 또는 친구들과 함께 여행을 떠나는 네 모습도 그려본다. 너를 위해 이것저것 챙겨주고 싶겠지만 그땐 네 스스로 세상을 발견하도록 널 놓아주어야 하겠지.

네가 사랑에 빠졌다고 말하면 내 가슴은 얼마나 뛸까? 네가 상처 받을까 봐 두려워 난 널 보호하려고 할 게 분명해. 아빠의 반응은 어떨까? 아빠는 당장 네 앞에 두터운 보호막을 치려고 할 거야. 내 마음도 아빠와 똑같을 테지만 결국 너를 위해 아빠를 진정시킬 거야.

나는 내 소중한 아기가 날개를 달고 세상 속으로 나가는 모습을 지켜보겠지. 나한테는 네가, 내 품안의 보드랍고 따스한 아기가 이렇게 씩씩하게 자란 게 너무도 신기할 것 같아. 그리고 너와 내가 함께한 이 근사한 여행의 추억으로 그리움의 눈물이 솟더라도 꾹 참아낼 거야.

네 마음의 보물이 될 선물

세계 어느 나라에서나 엄마들은 결혼하는 딸에게 줄 선물을 모으는 풍습이 있단다. 인도의 엄마들은 심지어 딸이 태어나기도 전에 보석과 사리를 수집하지. 미국의 엄마들은 혼수함에 특별한 선물을 넣어 딸이 결혼할 때 전해줘. 부모들이 딸과 딸의 미래에 대해 품는 희망과 사랑을 상징하는 이 혼수함은 침구, 옷감, 퀼트, 도자기, 그리고 딸이 훌륭한 아내가 되는 데 필요한 온갖 물건들로 가득 채워지지.

너희를 위해 혼수함을 마련하는 일은 내가 엄마로서 너희와 떠나는 특별하고 감동적인 여행 가운데 하나란다. 너희들에게 줄 희망과 사랑을 상징하는 귀중한 물건들을 찾는 데는 오랜 시간이 걸릴 거야. 그래서 관심과 진심에서 우러나오는 부지런함이 꼭 필요하지.

나는 너희의 혼수함을 낙관주의, 무엇이든 할 수 있는 힘, 자유, 호기심, 모험, 평화, 무한한 에너지로 가득 채우고 싶어. 또 아름다운 이야기들과 내가 모은 미술 작품, 위대한 사상가들의 철학, 여러 시대에 걸쳐 사랑받는 시, 세계 곳곳을 여행할 수 있는 비행기표, 영혼을 울리는 말씀, 우리를 건강하게 만들어주는 요리법, 우리 가족과 선조들을 기억할 수 있는 가보도 넣어주고 싶어. 여기에 또 동물원 구경에서 외국 여행까지, 너희의 어린 시절 얘기를 쓴 글과 너희가 그린 그림들, 우리가 함께 보낸 소중한 시간을 담은 사진첩도 넣어주고 싶단다. 그리고 우리가 사는 땅과 이웃들을 아끼고 사랑하는 마음의 보물도 넣어주고 싶어.

　나는 이 혼수함이 나의 사랑을 상징하는 물건들로 가득차기를 바란단다. 또 너희가 기쁘거나 슬플 때, 자신감이 넘치거나 도움의 손길이 필요할 때 열어보고서 그때마다 새로운 보물을 발견할 수 있었으면 해. 그리고 그 선물들을 보면서 '엄마가 이 세상에서 가장 사랑하는 선물은 바로 나구나!' 하고 느낄 수 있었으면 좋겠어.

언제나 너를 돌봐줄 거야

타라, 너를 낳은 뒤의 한 달은 내게 아주 특별했던 때란다. 너는 내 눈앞에 펼쳐진 놀라운 기적이었어. 지금까지 내가 태어나 본 것 중에서 너만큼 소중하고 아름답고 신성한 존재는 없었지.

하지만 그때를 지금껏 특별하게 여기는 이유는 한 가지가 더 있어. 인도에는 아기를 갓 낳은 엄마가 아기와 함께 친정으로 가 40일을 보내고 돌아오는 전통이 있단다. 엄마도 첫 몇 주 동안은 아기와 마찬가지로 보살핌을 받아야 한다는 것이 이 전통의 의미지. 산모는 친정어머니의 보살핌을 받아 아기를 돌보는 낯선 일을 배우고 그 일을 사랑할 수 있게 되는 거야. 그러면 엄마와 아기는 안정된 환경에서 둘만의 새로운 여행을 시작할 수 있지.

갓난아기인 너와 함께 친정으로 돌아가는 일은 가슴 찡한 경험이었어. 너를 낳기 전에도 친정은 늘 자주 드나들었지만 엄마가 되어 품에 아기를 안고 친정 문턱에 들어서는 일은 굉장한 감동을 주었지. 참으로 아름답고 특별한 순간이었어. 부모님의 눈빛도 우리 둘을 향한 사랑과 자부심으로 가득했지. 그리고 네가 엄마 아빠에게 온 선물인 것처럼, 우리 부모님에게 가장 성스러운 선물은 바로 나라는 걸 그 순간 깊이 깨달을 수 있었단다.

친정에서 지내는 그 몇 주 동안 나는 엄마와 더욱 가까워졌어. 나와 아기를 돌보는 엄마의 지혜와 능력, 나와 너에 대한 지칠 줄 모르는 애정과 보살핌은 형용할 수 없을 만큼 극진했지. 신비감마저 느껴질 정도였어. 한밤중 젖을 배불리 먹은 뒤에도 네가 보챌 때면 엄마는 내 곁에서 조용히 우리 둘을 돌봐주셨어. 엄마는 또 새로 부모가 된 이들에게는 사적인 공간이 필요하다는 것도 아시고, 아빠와 내가 아기인 너와 보낼 수 있는 시간을 자연스럽게 만들어주셨지. 엄마는 이렇게 내 인생의 새로운 길목에서 내가 마주친 여러 가지 두려움들을 덜어주셨어. 외할머니도 엄마가 아기를 낳을 때마다 이렇게 돌봐주셨대. 이제는 엄마가 외할머니처럼 내게 그 일을 해주신 거지.

내 주변에 나와 같은 시기에 출산을 한 친구가 한 명 있었어. 하지만 그 친구는 나와 상황이 완전히 달랐지. 미혼모인데다 친정어머니와도 사이가 좋지 않았거든. 친구는 나에게 친구들이나 다른 식구들에게 의존하며 출산 후 몇 주 동안 혼자서 아이와 씨름해야 했던 힘겨운 경험을 들려주었어. 하지만 내가 내 얘기를 들려주고 엄마와 새로운 유대감을 느끼게 되었다고 말하자 이내 마음을 누그러뜨렸어. 그리곤 희망에 차서 이렇게 말했지. "우리가 언젠가 우리 아이들의 아이들을 돌볼 수 있게 되면 얼마나 신기할까?"

갓난아기와 함께하는 사랑 가득한 첫 순간, 이 순간은 엄마가 아이와 평생 함께 자라고 친밀해질 수 있는 기회란다. 아주 특별하고 소중한 시간이야.

너만의 고유한 자리를 찾아보렴

나에게는 파키스탄계 미국인 친구가 하나 있단다. 그 친구가 부모님과 친척들을 만나러 카라치에 갔대. 친구는 미국에서 태어나긴 했지만 결속력이 강한 파키스탄 공동체 속에서 자라 파키스탄의 언어인 '우르두'를 배우고 전통 음식을 먹으며 파키스탄의 명절을 쇠었어. 친구는 자신이 미국인이긴 하지만 사실은 파키스탄 사람이라고 굳게 믿고 있었지. 실제로 친구의 정체성을 형성하고 문화적 배경이 되었던 것도 남아시아와 이슬람교의 전통이었어.

미국에 살면서도 파키스탄 공동체 밖에서는 이질감을 느꼈기에 친구는 카라치 행 비행기에서 내리면서 안정감, 소속감, 그리고 귀향길 같은 느낌을 기대했대. 그런데 실상은 친구가 상상했던 '귀향'과는 사뭇 달랐어. 친구는 마치 물을 벗어난 물고기처럼 불안했고, 미국에서보다 오히려 더 불편한 기분을 느꼈지. 친구는 친척들과 같은 전통 의상을 입고, 영어 억양이 튀어나올까 봐 사람들이 많은 곳에서는 말도 잘 하지 않았지만, 그곳 사람들은 대번에 친구가 먼 곳에서 온 이방인인 걸 알아챘어. 친구의 걸음걸이, 자세, 어쩌면 숨 쉬는 것조차 그곳 사람들과는 달랐나 봐. 친척들도 친구에게 말할 때면 무엇이든 천천히 설명해주면서 낯설게 대했지. 또 다른 사람들에게 친구를 소개할 때마다 '미국인' 친척이라고 했대. 자기들끼리 하는 얘기도 친구가 거의 알아듣지 못할 거라고 생각했고. 친구는 슬픔을 느꼈지만 현실을 인정해야 했어. 친구는 그곳 사람들과 아주 달랐지. 이방인이었던 거야.

어느 날 저녁, 친구의 할아버지가 친구에게 대대로 물려 내려오는 족보를 보겠느냐고 물으셨대. 친구는 할아버지가 금고를 덮고 있던 그림을 옆으로 치우고 조심스럽게 그것을 여는 동안 너무 마음이 들떠 가만히 앉아서 기다릴 수 없을 정도였지. 할아버지는 금고에서 둘둘 말린 오래된 양피지를 꺼내셨어. 그리곤 양피지를 탁자 위에 올려놓은 다음 돋보기를 쓰고 천천히 양피지를 펼치셨지.

"이게 우리 족보란다. 증조부께서 이걸 내 아버지에게 물려주셨고, 아버지가 다시 내게 물려주셨지. 너한테 보여주고 싶구나."

친구는 양피지에 그려진 가계도를 보면서 탄성을 연발했어. 그것은 몇백 년 동안의 가족 역사를 꼼꼼하게 기록한 족보였어. "이 족보를 보면 우리가 무함마드의 직계 자손인 걸 알 수 있단다. 우리는 이 세상에서 이루어야 할 위대하고 중요한 역할이 있어." 할아버지는 족보에서 당신의 이름을 가리키셨어. "여기 나와 내 형제들이 나와 있구나. 네 아버지는 여기, 네 오빠는 여기 있다. 우리 아버지, 할아버지, 그리고 우리보다 먼저 살다 가신 조상 세대가 모두 여기에 있지."

친구는 조용히 앉아 있었어. 그리고 할아버지가 가리키는 가계도 위의 조상들을 볼수록 눈에 눈물이 어리기 시작했다는구나. 양피지에 기록된 이름은 전부 다 남자의 이름이었어. 여자라곤 단 한 명! 그 여자는 무함마

드의 외동딸인 파티마였지. 파티마 때문에 가계도의 다른 모든 사람들이 세상에 나온 것은 맞아. 하지만 파티마 이외의 다른 여자들은 가계도에 나와 있지 않았어.

"저, 할아버지." 친구는 할아버지의 말씀 중간에 조심스럽게 끼어들었어. "저는 어디에 있나요? 우리 엄마는요? 고모와 할머니들은요?" 할아버지는 대답 대신 눈을 껌뻑이셨대. 친구는 할아버지가 그 점에 대해 한번도 생각해보신 적이 없다는 걸 알 수 있었지. 지금껏 아무도 그런 질문을 한 적이 없었던 거야.

할아버지는 말없이 손녀에게 펜을 건네달라는 몸짓을 하셨어. 그리고 친구가 보는 앞에서 남자 형제들 이름 곁에 친구의 이름을 써넣으셨지. 그런 다음 다른 여자들의 이름도 써나가셨단다. 친구는 가슴이 마구 뛰었어. 자기 눈앞에서 역사가, 친구의 역사가 다시 씌어지고 있었으니까. 할머니와 사촌 언니들이 다가와 친구의 어깨 너머로 할아버지가 가계도를 고치시는 걸 들여다보았대. 방 안에는 말로 표현할 수 없는 감동이 퍼져나갔지.

그 일이 있은 후, 친구는 할머니가 친구 분들과 카드놀이를 하면서 말씀하시는 걸 우연히 듣게 되었어. 할머니의 친구 분들은 감탄사를 연발하고 있었지. 그래서 친구의 발걸음은 저도 모르게 할머니들의 말소리가 들리는 응접실로 향했대. 친구를 본 할머니의 손님 중 한 분이 할머니에게 우르두어로 물었어. "이 애가 자네가 말한 미국 손녀딸이우?" 할머니는 자랑스럽게 미소를 지으며 고개를 끄덕이셨지. "정말 잘했다!" 그분이 내 친구에게 말씀하셨어. 다른 분들도 존경의 눈길로 친구를 바라보았지. "미국에서 할 말은 하고 살라고 가르치지? 정말 잘했다. 애야, 정말 잘했어!"

친구는 할머니들에게 미소를 지었고 자신 있게 우르두어로 말했단다. "고맙습니다."

아이를 위해 가계도를 그려보세요. 친척들이 어느 지역, 어느 도시 출신인지도 적어넣으세요.

우리 고유의 신화를 들려줄게

인도에는 『아마르 치트라 카타스』라는 만화책 시리즈가 있어. 이 만화책은 인도 신화를 다루고 있지. 복잡한 신화를 재미있고 쉽게 설명했을 뿐만 아니라 신화의 교훈과 가치관을 잘 표현한 아주 좋은 만화책이야. 네 외삼촌과 나는 어린 시절 이 만화책의 열렬한 팬이었어. 특히 외삼촌이 나보다 더한 광팬이었지. 부모님은 인도에 가실 때마다 이 시리즈를 사오시곤 했는데, 이 만화책들 덕분에 우리는 어려서부터 인도 신화와 친숙해질 수 있었단다.

네가 생후 6개월이 된 뒤부터, 매일 밤 아빠와 너는 아주 특별한 '취침 의식'을 치르기 시작했어. 두 사람은 잠들기 전에 서로 이야기하고, 보듬고, 책을 읽고, 하루를 어떻게 보냈는지 돌아보곤 하지. 이 시간은 혼자 조용히 있을 수 있는 흔치 않은 기회라서 나는 보통 이 의식에 참여하지 않아.

그런데 일찍 잠자리에 들기로 한 어느 날 밤 두 사람의 취침 의식을 지켜보게 되었단다. 갓 두 돌을 지난 아기였던 너는 오늘 하루를 어떻게 보냈는지 아빠에게 이야기하더라. 너는 뭐가 좋고 뭐가 싫은지 분명하게 말하고 있었어. (우유는 싫고 물이 마시고 싶고, 갈색 이불이 아니라 노란 이불을 덮고 싶고, 작은 돼지가 아니라 큰 돼지 인형을 안고 싶다고 말했지)

이날 밤 너는 평소에 가장 좋아하는 『호기심 많은 조지』나 『모자를 팝니다』, 『모자 쓴 고양이』 대신에 침대 밑으로 기어들어가 『아마르 치트라 카타스』 만화책을 꺼내왔어. 아빠의 무릎 위에 올라앉은 네가 책장을 넘기기 시작했지. 둘은 함께 앉아 만화책을 보면서 이야기를 나누었어. 아빠가 인도의 신 크리슈나를 가리키면서 네게 이야기를 해주면 너는 그 이름을 따라한 다음에 이렇게 물었지. "아빠, 근데 지금 크리슈나 뭐해?" 그러면 아빠는 크리슈나가 고대 인도의 서사시인 마하바라타를 아르준에게 낭송하는 거라고 말해주었어.

나는 아빠가 들려주는 위대한 신화를 네가 열심히 듣고 있는 걸 보며 가슴이 찡해졌단다. 너는 아빠에게 팔뚝을 보여주면서 이렇게 말하기도 했어. "아빠, 타라도 크리슈나처럼 힘이 세." 만화책의 뒷부분은 크리슈나의 엄마가 기도를 하는 장면이야. 그 부분에서 네가 두 손을 모으고 인도 전통 기도를 노래하기 시작하면 내 눈에는 어느덧 눈물이 그렁그렁해지지.

나는 기쁜 마음으로 너와 아빠가 잠들기 전 인사로 뽀뽀를 하고 침대에 눕는 모습을 지켜보았어. 너는 네 세상에 존재하는 모든 이들에게 밤 인사를 했지. "엄마 안녕. 아빠 안녕. 고담 삼촌 안녕. 칸디 이모 안녕. 클리오 안녕. 다디 안녕. 다다 안녕. 나니 안녕. 나나 안녕. 차추 안녕. 크리슈나 안녕. 아르준 안녕. 바그반지 안녕." 너는 입가에 작은 미소를 띠고 눈을 감았어. 그리고 너를 사랑하는 가족과 친구들, 여러 신들, 여신들로 가득한 꿈의 세계로 들어갔단다.

나는 신화나 우화, 동화가 온갖 색채와 열정, 모험, 그리고 뿌리 깊은 교훈을 네게 선사하는 것을 지켜보았어. 그리고 부모들이 어린 아기에게 이러한 세계를 보여주는 게 얼마나 중요한 일인지도 깨달았지. 그날 밤 나는 너의 자유로운 상상력이 네 삶의 중요한 자양분이 될 거라고 굳게 믿었단다.

평생 마음의 양식이 될 가족 전통

"할머니, 저녁을 먹을 때마다 음식을 조금씩 떼어놓으시는 이유가 뭐예요?"

그건 증조할머니가 언제나 고수하시던 전통이었지. 증조할머니는 천천히 돌아가고 있는 천장의 선풍기 너머를 바라보면서 들릴 듯 말 듯한 음성으로 다른 세계에서 어떤 영상을 불러오고 계셨어. 투명한 흰 사리에 푹 싸여 이젠 어린 아기처럼 조그맣게 보이는 증조할머니는 딱딱한 침대 위에 베개를 여러 개 쌓아놓고 쇠약한 몸을 기대셨지. 언제나 한결같은 증조할머니의 방. 흰 회반죽 벽에는 할아버지의 낡은 사진이 걸려 있고, 향내가 진동을 했어. 손에 염주를 감고 계신 증조할머니는 우리를 한참 동안 둘러보시더니 가족 대대로 전해 내려오는 이야기를 해주셨어.

어린 소년에 관한 이야기였지. 소년은 예닐곱 살가량이었대. 소년의 얼굴은 해맑기 그지없었는데, 마치 현자가 깨달음을 얻었을 때처럼 천진난만하면서도 기쁨이 넘치는 얼굴이었단다. 그윽하게 반짝이는 검은 눈은 우주를 밝히는 외로운 별처럼 빛났대. 그 소년이 우리 가족을 구했던 이야기를 들려줄게.

아주 오래 전, 인도 북서부에 전쟁이 일어났어. 대량 학살과 끔찍한 고문, 무고한 희생자가 수도 없이 있었단다. 지금도 그렇지만 종교 때문에 사람들이 서로 갈라져 목숨을 걸고 싸웠던 거지. 우리 가족도 사랑하는 사람들이 끌려가거나 집단으로 구타당하는 모습을 목격했어. 정말 상상만으로도 너무 끔찍하고 잔인했지.

우리 집 어른들은 아이들을 구하기 위해 정든 집을 버리고 종교적 박해가 없는 인도 내륙으로 떠나기로 했대. 그런데 정말 위험하기 짝이 없는 여행이었어. 잡히면 모두 죽임을 당할 거였으니까. 가족은 돈도, 짐도 없이 오직 맨 몸으로 함께 살고 싶은 소망만 간직한 채 길을 떠났단다.

천둥이 치고, 세찬 바람이 불고, 아직 이승을 떠나지 못한 귀신들이 울부짖는 비 오는 밤이었어. 가족들은 걸어서 집을 떠났어. 몇 시간이고 쉬지 않고 걷고 또 걸었대. 그날 밤 도주하려다 발각되어 일가족이 살해된 집도 있었다니, 얼마나 위험한 밤이었겠니?

가족들은 걷고 걸어서 마침내 강에 다다랐어. 계속 가려면 강을 건널 방법을 찾아야 했지. 그런데 뱃사공 한 사람이 보였대. 몹시 어두운 표정을 한 나이 든 뱃사공은 우리 가족을 강 저편으로 실어다 줄 만큼 큰 배를 갖고 있었어.

뱃사공은 목숨을 건지기 위해 가까이 다가오는 우리 가족을 보았지. 아들이 일곱이나 되는 행복한 가족이었어. 비록 공포에 사로잡혀 있었지만 서로에 대한 사랑이 유별나 보였지. 뱃사공에게도 한때 아내와 자식이 있었지만 지금은 이미 죽은 지 오래였어. 뱃사공이 우울해보였던 것은 바로 그 때문이야.

우리 가족은 뱃사공에게 제발 강 건너로 데려다달라고 간청했단다. 보답할 돈도, 방법도 전혀 없었지만. 그러자 뱃사공은 아이들을 바라보았어.

그는 일곱 아들 중 한 명을 뱃삯으로 주면 강 건너편까지 데려다주겠다고
말했지.

우리 가족은 몹시 절망했어. 아들을 하나 내주는 일은 자기 몸 일부를
떼어주는 것과 같았기 때문이지. 하지만 전쟁은 사람들에게 새로운 시각
을 갖게 했어. 가족은 늙은 사공의 눈에서 고통과 고난을 보았던 거야. 우
리 가족은 무슨 수를 쓰든 살고 싶었고 목숨을 잃을까 두려워했지만, 사공
은 그보다 더 무서운, 눈에 띄지 않는 죽음으로 서서히 죽어가고 있었지.
그에게는 아무 소망할 것도, 살아야 할 이유도 없었어. 우리 가족은 절망
과 연민 사이에서 망설이다가 결국 가족과 사공의 목숨을 구하기 위해 막
내아들을 넘겨주었대. 바로 그 소년이지.

이 이야기는 우리 가족 7대에 걸쳐 전해 내려오고 있단다. 그 긴 세월
동안 지금까지 우리 조상들은 매 식사 때마다 뱃사공과 함께 남겨진 막내
아들을 위해 음식 한 접시를 꼭 남겨두었어. 식사를 마친 뒤에는 거리에
사는 가난한 아이에게 그 음식을 가져다주었지.

증조할머니는 이야기를 마친 후 깊은 생각에 잠겨 잠시 침묵을 지키셨
단다. 그런 다음 조용히 말씀하셨지. "어쩌면 이 늙은 할미가 버리지 못하
는 바보 같은 전통일 게다. 하지만 이런 전통이 우리를 이어주고 있지 않
니, 안 그러니? 우리가 가진 걸 소중하게 여기고 기억하도록 도와주는 거
야." 증조할머니는 기도하며 눈을 감았고, 나는 우리 가족과 외로운 뱃사
공의 목숨을 구한 어린 소년을 생각하며 깊이 감사했어.

우리를 서로 이어주는 명절

우리 집 추수감사절은 우리 집만의 고유한 특징이 있어. 인도에서 미국으로 이주한 이민 가정이다 보니, 부모님은 칠면조나 미국 초기 이민자들, 풋볼, 사과파이, 머리에 깃털을 꽂은 아메리카 원주민들이 처음부터 몹시 낯설었대. 하지만 시간이 지날수록 추수감사절은 우리 가족에게도 의미 깊은 날로 바뀌었어. 추수감사절은 가족들이 모여 건강, 성공, 행복을 감사하는 기념일이 되었지.

부모님은 미국에 흩어져 사는 친척들을 모두 보스턴에 있는 우리 집으로 불러 모아 추수감사절을 함께 지내도록 하셨어. 추수감사절이면 매운 야채를 곁들인 인도식 칠면조와 인도 전통 감자 요리를 준비해 잔치를 벌였지. 후식으로는 사과파이, 브라우니 같은 미국식과 전통 인도식 디저트가 함께 나왔어. 사촌들은 발리우드 음악을 크게 틀어놓고, 어르신들을 TV 앞으로 모시고 가 풋볼 규칙에 대해 설명해드리곤 했지. 어르신들은 경기를 이해하려고 몇 분 정도 노력하시다가 곧 흥미를 잃고 마당으로 나가 크리켓을 하셨단다.

이런 추수감사절에 대한 특별한 추억은 너희와 명절을 어떻게 기념할지 생각하게 했어. 우리는 서로 다른 문화와 이념, 종교를 가진 사람들과 결혼하는 다문화 사회에 살고 있단다. 그래서 각각의 고유한 명절과 풍습을 어떻게 기념하는지가 우리의 정체성과 뿌리를 인식하는 기초가 되지. 아빠는 자신을 완전한 인도 사람이라고 생각하지만, 나는 나 자신을 인도계 미국인이라고 생각해. 너희는 자신의 정체성을 어떻게 규정할까? 이런 다문화 사회에 살면서 과연 정체성을 규정할 필요가 있기나 한 걸까?

'우리는 기독교인도 아닌데 왜 성탄절을 기념해야 하지?' 성탄절이 되면 이런 생각이 들어 크리스마스트리를 할까 말까 고민한 적도 많았어. (우리가 어릴 때 부모님은 성탄절이면 선물을 하나씩 사서 큰 양말 속에 담아 벽난로 옆에 걸어놓으셨어. 성탄절이 곧 '선물 받는 날'은 아니었지만 어린 우리에게는 '주는 것'에 대해 배우게 된 명절이었지) 그러면서도 나는 미국의 최대 명절인 성탄절을 부모들이 기념하지 않아서 그들의 아이들이 주류 사회에서 배제된 느낌을 받는 것도 원치 않는단다.

나는 너희가 신년을 알리는 빛의 축제인 디왈리나 색의 축제인 홀리 같은 인도 명절에 대해 알기를 바란다. 또 이슬람 축제인 라마단이나 이드, 유대인 명절인 하누카, 중국 중추절 같은 여러 친구들의 전통과 명절에 대해서도 알았으면 좋겠어.

이토록 다채로운 세상에 사는 우리에게 해답은 어쩌면, 세계의 모든 명절을 표시해 일 년 내내 기념할 수 있는 달력을 만드는 것인지도 몰라. 정말 이런 달력을 만든다면 풍요로운 전통과 이야기를 나누고 서로 소통할 수 있을 거야. 우리의 문화유산과 세상, 자신, 그리고 우리가 사랑하는 가족과 친구들과의 관계를 더 친밀하게 만드는 멋진 달력을 하나 만들어볼까?

아이들과 함께 보내고 싶은 각종 명절에 대해 생각해보세요. 이 소중한 시간들을 통해 배워야 할 교훈은 무엇인가요?

옛것을 익혀 새것을 아는 지혜

아버지는 사촌 형제들 중에서도 제일 맏이셨단다. 그것만으로도 손아래 사촌들에게 특별한 존경을 받으셨지. 할아버지 역시 가족뿐만 아니라 지역사회 전체에서도 구심점 역할을 하셨기에 자식들까지도 존경을 받았어.

인도 전통 호칭에 따라 아버지는 '디팩 바야', 즉 '디팩 형님'으로 불렸어. 음식을 먹을 때도 아버지에게 가장 먼저 차례가 돌아갔고, 선물을 고를 때도 늘 우선순위가 주어졌지. 하지만 이런 관습이 아버지를 불편하게 할 때도 있었어.

할머니의 동생 중에 인도 해군 제독이었던 분이 있었는데, 이분은 늘 위계질서와 서열, 전통을 무엇보다 중시하셨어. 그분은 아미트와 바라트라는 아들 둘에게도 무척 엄격하셨지. 그 형제는 명석하고 재능 있고 행동이 발라 가족 모두의 사랑을 받았단다. 그분은 늘 제복을 갖춰 입고 머리를 단정하게 빗은 두 아들을 앞세우고 다니셨지. 아들들은 노래까지 잘 불러 친척들을 즐겁게 하곤 했어.

아미트와 바라트가 세 살, 네 살쯤이었을 때 델리에 계신 나의 할아버지와 할머니를 뵈러 왔었단다. 아미트와 바라트의 아버지는 우리 아버지에게 두 아이를 소개하면서 큰형님에 대한 예의로 아버지의 발을 만지라고 명하셨지. 인도에서는 다른 사람의 발을 어루만지는 게 경의와 존경의 표시거든. 당시 아버지는 스무 살도 채 안 된 젊은이였어. 아버지는 정말 이런 행동이 불편했대. 하지만 아버지는 엄하신 외숙부의 말을 거역할 수 없었지. 아버지는 자기의 발을 만진 두 아이들의 머리를 부드럽게 어루만지는 것으로 어색하게 답례를 했대.

그로부터 여러 해가 지나 부모님은 미국으로 이주하셨어. 아버지는 이제 자신의 견해를 더욱 과감하게 말할 수 있게 되셨지. 한편 바라트도 하버드대학교에 진학하려고 보스턴으로 오게 되었어. 그래서 아버지는 오랜만에 두 형제를 다시 만나게 되었단다.

그날 나도 바라트 아저씨를 마중하러 아버지와 함께 공항에 나갔어. 바라트 아저씨는 아버지를 보자마자 자동인형처럼 몸을 숙여 아버지의 발을 어루만졌지. 아버지는 너무 어색해서 곧 똑같이 몸을 숙여 바라트 아저씨의 발을 만지셨어! 그때 바라트 아저씨의 표정은 말로 표현할 수 없을 정도였단다. 마치 우리 아버지가 아저씨의 세계관을 산산조각 내버린 듯한 표정이었거든. 바라트 아저씨는 어찌할 바를 모르다가 다시 아버지의 발을 만졌고, 아버지도 또 그렇게 하셨어. 아버지는 마침내 바라트 아저씨에게 그만 하라고 말씀하시고 아저씨를 따뜻하게 안아주셨단다.

얼마 전 나는 가족들이 모두 모인 자리에 참석했어. 그런데 나이가 일곱, 아홉쯤 되는 두 사촌 동생들이 방을 돌면서 모든 어르신들의 발을 만지고 있었단다. 아이들이 몸을 숙여 바라트 아저씨의 발을 만지자, 아저씨는 즉시 아이들에게 괜찮다고 하시고는 아이들의 발을 똑같이 만져주셨어. 어르신들은 모두 놀라서 눈이 휘둥그레졌지. 특히 바라트 아저씨의 아버지는 너무나 큰 충격을 받아 말씀을 잊으셨단다. 아이들이 다시 몸을 숙이고 바라트 아저씨의 발을 만졌어. 바라트 아저씨도 다시 똑같이 했지. 아이들이 이 새로운 전통을 받아들이는 모습을 보고나서야 아저씨는 흐뭇하게 웃으셨어.

나는 이 광경을 보면서 전통을 존중하는 일도 아름답지만 그 전통에 문제를 제기하고 새 시대에 맞게 변형시키는 일 역시 얼마나 중요한지 깨닫게 되었단다. 늘 그렇게 해왔으니 그냥 따라야 한다고 너희에게 가르칠 수는 없어. 나는 너희가 오랜 풍습을 존중할 수 있도록 그 배경을 설명해주겠지만, 만약 그것이 이제 더 이상 맞지 않는 구습이라면 멀리 떠나보내자고 할 거야.

특별한 가족의 전통이 있다면 이를 따르겠다고(혹은 따르지 않겠다고) 아이에게 약속하고 그 의미를 설명해주세요.

일상의 작은 의식이 지니는 힘

사로즈 바인지 이모와 팔 이모부는 저녁 식사 후에 꼭 자몽을 한 개씩 나눠 드신대. 결혼하고 40년 동안 죽 지켜온 전통이라는구나. 식사를 마친 두 분은 설거지할 그릇을 개수대에 집어넣고, 남은 음식은 조리대 위에 올려놓으시지.

이모는 세심하게 고른 과일이 가득한 바구니에서 잘 익은 자몽 하나를 가져오셔. 저녁상에 손님을 초대한 경우라면 사람 숫자만큼 자몽을 더 가져오시지. 이모가 가장 아끼는 과도를 들고 당신 의자에 편안히 앉아 과즙이 풍부한 자몽의 껍질을 벗기기 시작하면 이모부도 맞은편에 자리를 잡고 앉으신단다.

이모가 자몽 껍질을 벗기는 동안 두 분은 그날 저녁 손자들과 나눴던 대화나 가정에서 일어나는 여러 문제들, 혹은 다루기 힘들거나 흥미로운 환자라든지, 세상 돌아가는 일 등에 대해 담소를 나누시지. 화젯거리가 별로 없는 날이나 피곤한 날은 아무 말 없이 앉아 계시기도 해. 매일 거행하는 저녁 의식을 꼭 말로 채울 필요는 없겠지?

해마다, 달마다, 그리고 날마다, 이모님 내외는 그렇게 저녁마다 자몽 한 개를 나눠 드셨어. 수십 년간 지켜왔기에 이제는 당연한 일로 여겨지지만, 하루 중 제일 편안한 이 30분은 두 분의 일상에서 가장 중요한 시간이야. 물론 때로는 불협화음이 생기는 날도 있어. 하지만 그런 날도 두 분은 어김없이 자몽 하나를 나누신단다. 자몽을 나누어 드실 때 두 분 사이에 생긴 분노의 벽은 어느새 허물어지고 말지.

이모님 내외에게 자몽은 매일의 일과를 마치고 두 분이 서로 소통하는 시간을 상징한단다. 바쁜 하루를 지내고 한숨 돌리면서 그날 일어났던 일을 되새기고, 서로 상대방이 안녕한지 살필 수 있는 시간이지. 자몽 하나를 통해 두 분은 언제 자기 자신과, 또는 서로가 다시 한 번 소통의 노력을 해야 하는지 아시는 거야. 매일 의식적으로 갖는 이 짧은 시간 동안 두 분은 서로에 대한 사랑을 다지고, 대화하며, 생각을 공유하고, 함께할 필요를 채워나가는 거란다.

이런 작은 의식은 우리들에게 소통의 공간을 마련해주지. 그리고 우리가 때로는 당연시하는 소중한 순간들을 통해서는 사랑하는 사람들과 언제나 하나로 연결되어 있다는 강한 유대감을 느낄 수 있어. 정말 마술 같은 방법이라고 생각하지 않니?

선조들의 발자취를 더듬어 보자

힌두교 전통에서는 사람이 죽으면 화장을 하고 그 유골은 성스러운 갠지스 강에 뿌려지지. 남은 가족들은 대개 갠지스 강 연안의 성도聖都 바라나시를 찾아 흐르는 강물에 유골을 뿌린단다.

몇 년 전 할아버지가 돌아가셨을 때 우리 가족들은 이 마지막 의식을 치르려고 바라나시 순례를 떠났어. 만감이 교차하는 시간이었지. 모두들 할아버지에 대한 상념에 잠겨 즐겁고 슬펐던 추억, 또 희망과 회한을 느꼈단다.

한밤중, 가족들은 강둑 옆에 있는 계단에 서서 등을 켜고 기도문을 읽은 다음 할아버지의 유골을 강물에 뿌렸어. 달빛과 등불은 이제 한 줌 재에 불과한 할아버지의 유골이 영원히 자유롭게 떠내려가는 모습을 비춰 주었지.

두 성자가 다가왔을 때 우리 가족은 떠날 채비를 하고 있었단다. 성자들은 수행자들이 입는 샛노란 전통의상을 입고 있었는데, 온몸에 검은 재가 묻어 있었고 맨발이었지. 이마에는 수행과 기도의 흔적인 붉은 티카 자국이 나 있었단다. 성자들은 낡아서 너덜너덜한 종이 뭉치를 손에 들고 있었어. 거기에는 읽기도 어려운, 손으로 쓴 글씨가 적혀 있었지.

성자들은 아버지에게 돌아가신 할아버지의 이름과 태어난 곳, 생년월일과 할아버지의 아버지 이름을 물었어. 아버지는 영문도 모른 채 이 질문들에 답했지. 성자들이 너덜너덜한 종이 더미를 뒤적이는 동안 아버지는 의아해하며 서 계셨단다. 십 분쯤 흘렀을까, 성자들은 기록을 찾았어.

성자들은 아버지에게 50년도 훨씬 전에 우리 할아버지 다디가 부친의 유해를 뿌리는 의식을 하러 오셨을 때 남긴 기록을 보여주었지. 기록에는 그때 할아버지와 함께 계셨던 형제들의 이름도 씌어 있었어. 할아버지의 기록 이전에는 할아버지의 부친이 쓰신 기록도 있었단다.

다디의 부친, 그러니까 증조할아버지는 평생 이곳에 세 번 다녀가셨다고 되어 있었어. 당신의 아버지가 돌아가셨을 때, 결혼한 직후에, 그 다음에는 다디가 아장아장 걸어 다닐 무렵에. 그분은 기록의 맨 마지막에 깔끔한 영어로 이곳에 오는 동안 다디가 얼마나 말썽을 피웠는지, 그리고 그런 아들이 얼마나 사랑스러운지에 대해 써놓으셨단다. 또 다디가 인도의 위대한 시인 타고르의 어릴 때 모습과 닮았다고 하시면서 다디에게 '토고'라는 별명을 지어주신 일도 써놓으셨지. 아버지와 숙부님은 흐르는 눈물을 감출 수가 없었어. 다디의 아들인 두 분이 타고르의 시를 왜 그토록 좋아하게 되었는지, 그 비밀을 이제야 알 수 있었거든.

아버지는 성자들에게 가족의 기록이 언제까지 거슬러 올라가는지 물으셨어. 그들은 곧 내 아버지의 증조부가 쓰신 기록도 찾아냈지. 기록은 우르두어로 씌어 있었는데, 증조부님 부친의 유해를 뿌리는 마지막 의식에 대해 자세하게 설명하고 있었지.

종이 다발에는 비슷한 이야기를 담은 우리 선대의 기록이 수십 장이나 있었단다. 이름, 주소, 직업만 기록된 것도 있었고 전쟁과 사랑, 꿈과 희망에 관한 이야기가 적혀 있는 것도 있었어. 이 기록들은 예수 이전, 그러니까 알렉산드로스 대왕 시대인 기원전 300년까지 거슬러 올라가더구나.

감동으로 말을 잃은 우리 가족에게 성자들은 이제 기록을 갱신해야 할 때라고 말했지. 그들은 부러진 연필을 꺼내 아버지, 숙부님 내외, 그리고 할머니 형제분들의 이름을 써넣었단다. 그리고 아내와 아이들의 이름도 일일이 다 묻더니 세 명의 사촌, 내 동생, 나와 너희 아빠까지 이어지는 가계도를 완성했어. 성자들은 우리 가족에게 다음 세대에 전하고 싶은 생각이나 느낌을 말하라고 했지. 그런 다음 가벼운 목례를 하고 멀리 사라져 갔어.

델리로 돌아온 아버지는 미국에 있는 나에게 전화를 걸어 바라나시에 다녀온 이야기를 들려주셨어. 나는 그 여행이 아버지의 슬픈 마음을 부드럽게 어루만져주었다는 것을 금방 알 수 있었지. 두 성자의 이야기도 삶과 죽음의 순환에 대해 깊이 깨닫게 해주었어. 나는 할아버지의 존재 그리고 우리 모두의 존재가 우주의 자연스러운 리듬의 일부라는 걸 알게 됐지. 그리고 우리의 영혼은 세상에 왔다 떠나가지만, 앞서 살았던 분들과 우리를 잇는 보이지 않는 끈이 있다는 사실에 커다란 위안을 얻었어.

바라나시를 순례했던 고인들의 존재를 직접 느낄 수 있었던 아버지는 희망과 흥분이 넘치는 어조로 내 동생과 나, 당신의 손자들, 그리고 앞으로 이어질 세대들을 위해 당신이 남긴 비밀 이야기가 있다고 하셨어. 그리고 당신이 세상을 떠나셔도 우리를 사랑했다는 기록이 남는다는 사실에 위로를 받고 희망과 행복을 느끼셨다고 말씀하셨단다.

우리 세대는 산들바람처럼 왔다 가지만

선조들의 향기는 이 자리에 남아 있다.

_바라나시에서 각 가계의 기록을 보관하는 성자들로부터

선택
네가 만드는 운명
Choices

삶을 풍요롭게 만드는 환경

나는 너희가 자라날 환경에 대해 늘 생각하고 있어. 너희가 세상을 지각하는 방식은 오감과 경험에 영향을 받기 때문이지. 너희가 사랑과 평화를 느낀다면 자아에 대한 감정이 풍요로워질 거야.

중국 철학에는 공자만큼이나 뛰어난 학자로 맹자가 있단다. 그의 어머니는 아들을 키우면서 세상에서 가장 중대한 선택을 했어. 흔히 '맹모삼천지교'라고 말하는 것이지.

맹자가 어릴 때, 그의 가족은 묘지 부근에 살았대. 어느 날 어머니는 맹자가 친구들과 함께 장례식 흉내를 내며 노는 것을 보았다는구나. 어머니는 이런 환경에서 자식을 키울 수 없다고 생각하고 이사를 했어. 기원전 300년 무렵이니 이사가 지금처럼 쉬운 일은 아니었을 거야.

이번에는 시장 근처로 집을 옮겼단다. 맹자의 어머니는 곧 맹자가 장사 놀이를 하면서 흥정을 하고, 친구들을 속이고 고소해하는 모습을 보았대. 이것도 어머니가 가르치려 하는 가치관이 아니었지. 그의 어머니는 다시 학교 근처로 이사했어.

맹자는 이제 책을 읽고 학문을 논하며, 어른들에게 예의를 지키는 학생들을 부러운 눈으로 바라보았대. 맹자는 학생들의 행동을 흉내 내기 시작했지. 결국 맹자는 당대 가장 위대한 사상가이자 철학가가 되었단다.

약속 32

인생의 숨은 의미를 찾으렴

스물세 살 때 나는 MTV 아시아의 개국을 돕기 위해 인도로 가게 되었단다. 조부모님과도 시간을 보낼 수 있을 테고, 태어난 곳이긴 하지만 한번도 살아본 적이 없는 땅을 직접 경험하게 될 거라 무척 기쁘고 설레었지. 물론 이 여행에서 내 남편이자 평생의 동반자이며 너희의 아빠가 될 사람을 만나리라고는 꿈에도 생각하지 못했어.

뉴델리에 도착한 첫날, 사촌이 집에서 파티를 열고 나를 초대했단다. 사촌은 델리에서 가장 재미있는 파티를 여는 사람으로 유명했는데, 이번에는 '낙서 파티'를 한다고 했어. 모두 흰옷을 입고 참석해 물에 지워지는 색색의 펜으로 서로의 옷에 그림을 그리고 재미있는 말을 쓰는 파티였어. 파티에 참석한 다른 사람들에게 관심을 표현하며 가볍게 즐길 수 있는 저녁 파티였지. 나는 먼 곳에서 온 새로운 얼굴이었기 때문에 곧 낯선 친구들에게 둘러싸였어. 내 흰 셔츠는 금세 각종 색깔의 낙서와 그림으로 뒤덮였지.

그날 밤 나는 아주 인상적인 남자를 만났어. 키가 크고 날렵하며 운동을 좋아하는 남자로, 싱그러운 미소와 경쾌한 걸음걸이, 편안하고 친절한 매너를 갖춘 사람이었지. 그는 등에 근사한 문신을 한 새로운 아가씨가 왔다는 말을 듣고서 내게로 다가왔단다. 우리는 고작 1, 2분 정도 얘기를 나누

·

103

었어. 그날 집으로 돌아갈 때 나는 그의 이름조차 기억하지 못했지. 하지만 파티를 떠날 때 나는 이 사람과의 짧은 대화 때문에 내 인생에 큰 변화가 생기게 될 거라는 강렬한 느낌을 받았어.

집에 돌아간 나는 하인에게 셔츠를 세탁해 달라고 부탁하고 곤히 잠들었지. 다음 날 아침 셔츠는 아무 색깔도, 그림도, 글자도 없는 눈부신 흰색으로 돌아와 있었어. 그런데 다시 보니 옷의 심장 부근에 지워지지 않는 파란색 펜으로 '수만트'라는 이름과 전화번호가 함께 씌어 있었지. 나는 대번에 전날 밤 만났던 그 남자임을 알았어. 그리고 내 인생이 영원히 바뀌었음을 깨달았지. 나는 수화기를 들고 수만트에게 전화를 걸었어. 얼마 후 우리는 저녁 식사를 함께했고, 난 이 사람과 내가 평생을 함께할 거라는 강한 확신을 느꼈단다. 그리고 1년 반 후에 우리는 결혼했지.

나중에 안 사실이지만 아빠는 친구들이 내게 다가가보라고 부추기자 "내가 지금 그러면 아무래도 운명이 바뀔 걸" 하고 대답했대. 아빠는 그런 다음 펜을 들고 내게 다가와 내 옷에 이름과 전화번호를 쓰고는 가버린 거지. 그날 밤 아빠가 낙서를 한 것은 내 셔츠뿐이었대.

살다보면 생의 곳곳에서 여러 사람을 알게 되고 관계를 맺으며 값진 의미와 힘을 지닌 다양한 순간이나 상황과 만나게 된단다. 그 메시지를 해석하고, 실마리를 풀고, 자신이 원하는 걸 만들어내기 위해 기회를 포착하는 게 삶의 묘미이지. 무언가 나를 잠시 멈추게 한다면 언제나 주의를 기울여야 해. 멋진 마법의 세계가 펼쳐질지도 모르니까.

당신과 아기의 인생에 중대한 결과를 가져온 기회가 있었나요? 생각해보
세요.

때로는 자신에 대해 한번 웃어보렴

네가 아빠와 내게 가르쳐준 것이 있단다. 그건 바로 우리가 모든 것을 다 통제할 수는 없고, 평소 그토록 중요하고 심각하게 생각했던 것들이 실제로는 그렇지 않을 수도 있다는 점이야. 우리에게 자유를 가르쳐준 거지. 자의식으로부터의 자유, 다른 사람이 어떻게 생각하는지에 대해 걱정하는 일로부터의 자유, 그리고 거리낌 없이 자신에 대해 한번 웃을 수 있는 자유를.

너를 낳고서 얼마 후에 아빠와 나는 외할머니에게 너를 맡기고 처음으로 단둘이 외식을 했어. 그날을 위해 머리도 자르고 화장도 하고 새 옷도 꺼내 입었지. 이렇게 오랜만에 몸단장을 하니 그제야 나 자신이 싱그럽고 생기 있게 느껴졌어. 들뜬 마음으로 집을 나서기 직전에 널 안아주었는데, 너는 그만 내 셔츠에 젖을 토하고 말았어. 하지만 시간이 없어서 옷을 갈아입지 못하고 그냥 밖으로 나갈 수밖에 없었지. 지금도 새 옷을 입을 때면 꼭 스파게티 소스나 뭉개진 완두콩으로 '장식'이 되곤 하잖니? 나는 이런 얼룩이야말로 모성을 상징하는 영예의 배지가 아닌가 생각해.

얼마 전에도 그런 일이 있었어. 아빠와 나는 고급 레스토랑에 가야 했지. 친구의 승진을 축하하는 자리였어. 너는 이날도 어김없이 자리에 앉자마자 엄청난 응가를 했어. 너를 데리고 화장실에 갔지만 기저귀 교환대는 찾아볼 수 없었고, 잘 차려입은 여자들만 거울 앞에 길게 줄을 서서 화장을 고치고 있었단다. 할 수 없이 구석에 서서 너의 기저귀를 가느라 진땀을 빼고 있는데, 갑자기 냄새나는 뭔가가 내 얼굴에 묻었어. 네 응가였지. 순간 늘어서 있던 여자들이 일제히 뒤로 물러나면서 세면대로 가는 길을 열어주었어. 나는 쑥스럽게 웃으며 얼굴을 닦을 수밖에 없었지.

언젠가 커피를 한 잔 하려고 카페에 갔을 때도 기억이 난다. 너는 목청껏 동요를 불러댔어. 너는 너무 어려서 남들을 의식하지 못했지.너는 자기 목소리에 도취해서 크게 소리를 질러댔어. 그때 꼭 끼는 짧은 옷을 입은 여자가 카페로 들어왔단다. 카페 안에 있던 모든 이들의 시선이 그녀에게 향했지. 그때 네가 큰 소리로 외쳤어. "엄마, 저 배 좀 봐!"

얼굴이 푸석푸석해서 내가 화장을 한 날이면 너는 금방 내가 화장한 걸 알아보고 묻지. "엄마 얼굴에 지지 묻었어. 거기에 뽀뽀해도 돼?" 그리고 외출해서 만나는 사람 모두에게 엄마 얼굴에 '지지'가 묻었으며, 다른 사람들도 거기에 뽀뽀해야 한다고 알리는 게 바로 너야. 딸이 이렇게 엄마에게 관심을 보여주는데, 감동하지 않는 엄마가 있을까? 나는 즐겁게 웃음을 터뜨렸지.

어느 날, 아빠가 중요한 회의를 준비하고 있었어. 오랫동안 준비한 아주 중요한 회의였지. 휴식 시간에 아빠는 미리 써놓은 메모를 읽고 있었고, 동료들은 전화기에 녹음된 메시지와 이메일을 확인하고 있었어. 그런데 갑자기 동료들이 아빠를 아주 이상한 눈으로 쳐다보더래. 아빠가 세서미 스트리트에 나오는 노래인 '고무 오리'를 자기도 모르게 흥얼거리고 있었

기 때문이지. 아빠는 잠시 당황했지만, 곧 웃음을 터뜨렸대. 동료 한 사람
도 아빠를 따라 같은 노래를 흥얼거렸기 때문이야.

너희가 우리에게 얼마나 소중한 웃음과 기쁨을 선사하는지 알고 있니?
너희는 우리에게 웃고, 사랑하고, 삶을 최대한 즐기라고 가르친단다.

용서의 힘을 가르쳐줄게

어느 날 저녁 할아버지와 할머니가 집에서 저녁을 들고 계실 때 무장한 세 남자가 들이닥쳤단다. 조용한 저녁을 보내고 있던 두 분의 집으로 갑자기 복면을 쓰고 손에는 기관총을 든 강도들이 하인을 때려 기절시키고는 침입한 거야.

세 남자는 두 분에게 일어나라고 명령하면서, 집 안에 있던 금고를 열고 보석과 돈이며 다른 귀중품들을 다 내놓으라고 위협했어. 70대 노인인 두 분은 거동이 불편했지만 목숨을 보전하는 방법은 저항하지 않는 것뿐이었기에 강도들이 시키는 대로 다 하셨단다. 당시 뉴델리에는 이런 가택 침입 사건이 잦았어. 그리고 대개의 경우 사람이 희생되는 비극으로 막을 내렸지. 그런데 이 강도들은 거칠게 말하긴 했지만 달리 해를 입힐 것 같지는 않았대.

하지만 두 분이 옷장까지 모두 비우자, 우두머리가 다른 강도에게 두 분을 죽여버리라고 명령했어. 침착함을 잃지 않고 평정을 지키던 할아버지는 명령을 받은 강도가 망설이는 모습을 보셨어. 그는 벌벌 떨면서 울음을 참고 있었지. 그 강도는 우두머리에게 할 수 없다고 말했대. 그리곤 늙고 힘없는 노인들을 죽여봐야 좋을 게 없다고 하면서, 두 분을 화장실에 묶어두겠다고 말했다는구나. 결국 강도는 우두머리를 설득했지. 우두머리는 물건들을 차에 실을 동안 어서 노인들을 화장실에 묶어두라고 무뚝뚝하게 명령했어.

할아버지가 화장실 쪽으로 먼저 가시고 강도는 할머니의 손을 잡고 그 뒤를 따라갔대. 강도는 두 분을 변기와 욕조에 앉힌 다음 끈으로 손을 묶었어. 아주 느슨하게. 강도는 가늘게 흐느끼면서 손을 떨고 있었지. 할아버지가 말했어.

"베타." 할아버지는 '아들'을 뜻하는 말로 강도를 불렀어. "어떻게 이런 끔직한 범죄에 가담하게 되었느냐?" 강도는 가느다란 목소리로 대답했지. "사아브 박사님, 달리 가족을 부양할 방도가 없습니다. 아버지는 돌아가시고 어머니와 아내, 아이 셋을 먹여 살려야만 하니까요. 일자리라곤 없어요. 그렇다고 가족을 굶겨 죽일 수는 없었지요."

언제나 그렇듯 명민하신 할아버지는 강도가 당신을 사아브 박사님이라고 부르는 걸 듣고 상황을 알아채셨어. "아들아, 우리가 만난 적이 있느냐?" 할아버지께서 부드럽게 물으셨지. 그러자 강도는 억눌렸던 감정을 폭발시켰어. 그는 울면서 말했지. "용서받지 못할 죄를 지었습니다. 박사님이 몇 해 전에 제 아버지의 심장수술을 해주셨어요. 아버지의 목숨을 구해주신 거죠. 이 집에 들어온 다음에야 박사님 댁인 걸 알았습니다. 한 푼도 안 받고 수술을 해주셨는데 제가 박사님께 죽을죄를 지었습니다." 강도가 복면을 벗었어. 그는 앳된 젊은이였고, 얼굴엔 눈물이 비 오듯 흐르고 있었단다.

젊은이는 몸을 숙여 먼저 할아버지의 발을 만지고 그 다음에 할머니의 발을 만졌어. 할머니는 젊은이의 머리를 어루만지며 말씀하셨지. "신의 가호가 젊은이와 함께하기를." 젊은이는 패거리와 함께 집을 빠져나갔대.

  며칠 후, 경찰은 이웃 동네에서 무장 강도를 저지른 젊은 남자 셋을 체포했어. 할아버지와 할머니는 용의자 확인을 위해 경찰서로 나와달라는 요청을 받으셨지. 그들은 바로 두 분의 집을 턴 강도들이었어. 구속된 상태에서 재판을 기다리고 있던 그 강도들은 다른 동네에서도 여러 번 강도짓을 했는데, 한 곳에서는 피해자들이 부상을 입고 입원까지 했지.

  재판이 시작됐고 조부모님은 증언을 위한 법원의 출두 요청을 받았으셨어. 하지만 할머니는 나가길 거부하셨지. 젊은이의 고단한 삶에 가슴이 찢어질 듯 아팠던 할머니는 그의 어머니와 아내, 어린 아이들이 계속 마음에 걸리셨던 거야. 할머니는 가족들까지 처벌을 받을 줄 알고 계셨거든. (실제로도 처벌을 받았지)

  그래서 할머니는 아무에게도 알리지 않고 젊은이의 가족이 어디에 살고 있는지 수소문하셨어. 가족을 찾은 할머니는 그의 아내에게 먹을 것과 아이들에게 필요한 책을 사라고 얼마간의 돈을 쥐어주셨단다. 또 죄인이 되어버린 젊은이의 어머니를 끌어안고 위로해주셨지. 할아버지께서는 그 아버지의 생명을 구했는데, 이번에는 할머니께서 그 가족의 생명을 구하신 거야.

행복은 주변 상황에 달려 있지 않아

부모님이 우리에게 늘 가르쳐주고자 했던 사고방식 가운데 하나가 바로 '내면의 소리를 듣는 것'이었단다. 그래서 우리는 시시각각 변하는 온갖 의견과 상황, 환경의 불협화음 속에서도 내면의 소리에 귀를 기울여 중심을 잡고 안정을 느낄 수 있었지. 부모님은 중국 고사를 들려주며 이 점을 일깨워주셨어.

옛날 중국의 작은 마을에 한 노인이 살고 있었대. 노인의 아들이 일자리를 구하러 마을을 떠나자, 동네 사람들은 홀로 남겨진 노인의 상심이 클 것이라고 생각했지. 하지만 노인은 외로움이나 슬픔을 전혀 내색하지 않았어.

노인의 아들이 돌아오자 사람들은 노인에게 축하 인사를 건넸지. 그런데 이 반가운 일에도 노인은 별로 좋아하는 것처럼 보이지 않아 사람들은 깜짝 놀랐단다. 노인은 좋아하지도 슬퍼하지도 않으면서 관심을 보여주어 고맙다고만 말했대.

며칠 뒤, 노인이 말을 데리고 산책을 나갔다가 손에서 고삐를 놓쳐 말이 도망쳐버렸지. 이 소식을 들은 마을 사람들은 말을 잃은 노인을 위로했어. 노인은 고맙다고 말하면서도 여전히 슬픔이나 아쉬움을 표현하지 않았대.

다음 날, 동네 사람들은 도망갔던 말이 검은 준마 두 마리를 데리고 온 것을 보았어. 그런데 축하를 받는 노인은 이번에도 무심했어. 사람들은 더욱 놀랐지. 노인은 이런 행운을 전혀 기뻐하지 않는 듯했거든.

일주일 후, 노인의 아들이 검은 준마를 길들이려다가 말에서 떨어져 다리가 부러졌어. 아들의 병문안을 온 사람들은 이번에도 역시 감정을 드러내지 않는 노인을 이해할 수 없었대.

그런데 그날 오후, 관리들이 전쟁터에 내보낼 병사들을 모으러 왔단다. 몸이 성한 젊은이는 모두 전쟁터로 끌려가게 되었지. 관리는 노인의 집에도 찾아왔지만 다리가 부러진 아들을 보고는 데려가지 않았어. 사람들이 노인에게 축하 인사를 건네자 노인은 엷은 웃음을 지으며 이렇게 말했단다. "인생의 행불행은 항상 바뀌어 미리 헤아릴 길이 없으니, 행운도 기뻐할 필요가 없고 불행 또한 슬퍼할 필요가 없다오."

어둡고 힘든 순간에도 교훈을 얻을 수 있어

경영학 석사 과정에 들어선 첫해에 아빠와 나는 '마이포텐셜'이라는 벤처기업에 대한 아이디어를 내놓았단다. 인터넷 붐이 최고조에 달했던 때여서 벤처기업을 창업하기 위한 미디어홈을 마련하자는 우리의 아이디어는 폭발적인 반응을 불러왔어. 우리 아버지와 여러 파트너들, 투자자와 고위 관리자들이 호응해주었지. 그 다음 2년은 정말 다양한 경험을 했고, 극적인 성공과 실패의 연속이었어.

마이포텐셜은 내 인생에서 큰 전환점이었단다. 아빠가 시카고에서 학업을 계속하는 동안 회사 설립자였던 나는 학교를 그만두고 로스앤젤레스로 이주했어. 그리고 전국을 돌아다니며 잠재 투자자들을 만나 천만 달러 이상의 투자금을 조성했고, 회사의 첫 직원이 되었지. 그 후 18개월 동안 마이포텐셜은 직원을 60명이나 늘렸고 향후 주목할 기업에 선정되기도 했어. 우리는 투자자와 자문역으로 재계 유력 인사들을 영입했고, 전 세계 언론은 우리 회사를 기사화했어. 창업 후 처음 몇 달은 우리 인생에서 가장 흥미진진한 시기였단다. 젊은 기업가였던 아빠와 나는 경영대학원에서 꿈꾼 비전이 거대한 현실로 자라나는 모습을 흐뭇하게 지켜보았어.

하지만 성공과 함께 큰 문제도 찾아왔단다. 곧 우리는 회사의 비전이나 운영이 더 이상 우리의 통제권 안에 있지 않다는 걸 깨달았던 거야. 통제

권은 이미 더 현명하고 노련한 전문가들에게 넘어가 있었어. 경영에 대해 더 잘 아는 사람들이 회사가 나아갈 방향에 관해 중요한 결정을 내렸고, 우리는 옆으로 밀려나 있었던 거야.

더 큰 문제는 비전과 스타일, 접근법이 나와는 정반대인 관리자를 채용했을 때 나타났어. 이 사람과의 관계는 내가 평생 겪어본 인간관계 중에서 가장 심한 스트레스를 주었지. 마이포텐셜의 고위관리자로 영입된 그녀는 회사의 약점은 물론 변화가 필요한 부분을 날카롭게 짚어냈지만, 직설적이고 냉정한 스타일이었어. 때로는 표현이 너무 가혹해서 어떤 직원들은 그녀와 면담을 하다 말고 울음을 터뜨리기까지 했지. 그녀가 회사에 머물렀던 3개월은 나의 세상 전체가 무너져 내리는 것 같았단다.

돌이켜보면 그 기간은 내 생애에서 아주 중요한 갈림길이었어. 그때 난 다른 사람에게 맞서는 두려움과 내 능력에 대한 의구심 때문에 내가 믿는 바를 제대로 주장하지 못했지. 내가 채용하고 격려했던 사람들이 상처 받고 의기소침해져서 분노를 안은 채 회사를 떠나는 모습을 지켜봐야 했어. 그들은 우리의 비전과 목표, 열정을 믿었기에 우리와 함께 마이포텐셜이라는 배를 함께 탔던 사람들이었지. 나는 내 꿈이 서서히, 산산조각으로 부서지는 광경을 지켜봐야 했단다. 뭔가 잘못된 걸 알면서도 내 견해를 주장하지 못했기 때문에 생긴 일이었지. 이에 처음으로 난 자신을 다른 방식으로 돌아보았어. 그러자 내 마음 깊은 곳에 숨어 있는 두려움을 인정하게 되었고, 나의 장단점 모두를 받아들이고 포용하게 되었단다.

지금 나는 내 자신을 깊이 들여다볼 수 있게 해준 그녀에게 진정으로 고맙다는 말을 할 수 있어. 그녀는 내가 내 목소리를 찾도록 도와준 거야.

상처는 내 안에 새로운 열정을 불어넣었어. 앞으로는 상대방에게 반드시 내 견해를 알리고, 누군가 나보다 더 잘 알겠거니 혹은 내가 못하는 일을 그 사람은 할 수 있겠거니 하는 생각 따위는 하지 않게 되었단다. 두려움 때문에 스스로 숨죽이지 않겠다고 나 자신과 굳게 약속도 했어.

무엇보다 중요한 일은 언제나 반드시 자기 의견을 나타내고, 마음속으로 옳다고 생각하는 일은 확신을 가지고 실행하라는 굳센 자신감을 너희에게도 심어줘야겠다고 결심하게 된 것이란다.

떼구름아 ―
떼구름이 달그림자를 씻어 가는가?
구름이 조금씩 걷힐 때마다
달빛이 더 환히 빛나는구나.

_미나모토 노 도시요리

적대적인 사람 때문에 겪었던 문제를 떠올려보세요. 그 경험이 당신을 어떻게 더 강하게 만들었는지 생각해보고, 나중에 이 이야기를 아이와 나누겠다고 약속해보세요.

선입견을 버려봐

우리는 항상 타인이나 장소, 상황에 대해 평가를 내려. 부모의 이런 평가는 너희가 세계관의 기초를 형성하는 데 깊은 영향을 미치지. 너희 꿈의 기초를 다지는 우리 부모들은 너희가 두려움, 편견, 희망을 키워가는 데 중요한 역할을 해. 이런 걸 잘 보여주는 아프리카 민화가 있단다. 특별한 우정으로 하루를 함께 보냈던 아기 개구리와 아기 뱀이 등장하는 이야기야. 이걸 보면 부모의 책임과 부모가 아이들의 정신에 미치는 엄청난 영향력을 생각하게 되지.

아기 개구리는 어느 날 늪가에서 뛰어오르는 연습을 하고 있었어. 폴짝, 폴짝, 폴짝! 아기 개구리는 이쪽 바위에서 저쪽 바위로 뛸 때마다 개굴개굴 소리를 냈고, 땅에서 뛰어오를 때마다 한껏 신이 났지.

아기 개구리는 뜀뛰기 연습을 하다가 덤불 곁에서 똬리를 틀고 있는 길고 가느다란 동물을 보았어. "슥, 스윽, 스르륵." 그 동물이 소리를 냈지.

"넌 누구니?"

"난 아기 뱀이야."

"오늘 나랑 같이 놀래?"

"그래."

둘은 하루 종일 덤불 옆에서 폴짝거렸고 열심히 기어다녔단다. 아기 개구리는 아기 뱀에게 바위에서 다른 바위로 건너뛰는 법을 가르쳐주었어. 아기 뱀은 몸이 길쭉해서 따라 하기 어려웠지만 그래도 재미있어했지.

아기 뱀은 아기 개구리에게 덤불의 잔가지 하나를 타고 올라가는 법을 가르쳐주었어. 아기 개구리에게 기어 올라가는 일은 조금 어려운 도전이었지만 배를 붙이고 미끄러져 갈 때마다 배가 간질간질한 게 무척 재미있었어. 둘은 이렇게 함께 놀면서 킥킥대고 웃었어.

아기 개구리와 아기 뱀은 배가 고파져서 집에 점심을 먹으러 가기로 했지. 헤어질 때 둘은 내일 다시 만나 함께 놀기로 약속했어.

엄마 개구리는 집에 돌아온 아기 개구리가 이상한 자세를 하고 있는 걸 보고 깜짝 놀랐어. "너, 뭐 하는 거니?"

"엄마, 보세요!" 아기 개구리는 폴짝 뛰었다가 미끄러지고 폴짝 뛰었다가 다시 미끄러지는 걸 보여주었어. "오늘 아침에 제 친구 아기 뱀이 미끄러지는 법을 가르쳐주었거든요." 아기 개구리는 자랑스럽게 말했어.

엄마 개구리는 깜짝 놀랐어. "아가, 뱀은 우리 같은 개구리를 잡아먹는 줄 모르는구나. 다시는 아기 뱀과 놀지 않겠다고 엄마한테 약속하렴!"

아기 뱀이 집에 돌아가자, 엄마 뱀이 물었어. "너 대체 뭐하는 거니?" 아기 뱀이 양쪽으로, 위 아래로 몸을 웅크리는 걸 보고 엄마 뱀이 물었지.

"뛰어오르는 거예요, 엄마." 아기 뱀은 자랑스럽게 대답했단다. 슥, 스르륵, 폴짝, 풀썩. "제 친구 아기 개구리가 가르쳐줬다고요." 아기 뱀이 웃으며 말했어.

엄마 뱀은 혀를 날름거리며 말했지. "아가, 개구리는 우리가 먹는 밥이지 친구가 아니란다. 다음에 아기 개구리를 보거든 얼른 삼켜버리렴. 그리고 그렇게 폴짝대지 마라. 꼭 바보 같잖니!"

다음 날 아침, 아기 개구리와 아기 뱀은 늪가로 나갔지만 서로 가까이 가지 못했어. 한참을 그러고 있다 아기 개구리가 먼저 뒤쪽으로 폴짝 뛴 다음 아기 뱀에게 이제 더 이상 함께 놀 수 없다고 말했지. "미끄러지는 법을 가르쳐줘서 고마워. 정말 재미있었어." 아기 개구리는 슬픈 목소리로 말했어. 아기 뱀은 개구리를 잡아먹으라고 한 엄마 말이 생각났지만 어제 얼마나 신이 났었는지 떠올려보고는 그냥 스르르 미끄러져 갔어. 아기 뱀은 가면서 아쉬운 눈으로 뒤를 돌아보았대. "뛰어오르는 법을 가르쳐줘서 정말 고마워."

아기 개구리와 아기 뱀은 늪의 양쪽에서 아무도 모르게 '슥, 스르륵, 폴짝, 풀썩' 하는 동작을 연습했고, 둘 다 그토록 재미있게 보냈던 어제를 두고두고 기억했단다.

인생을 너무 심각하게 받아들이지 마

아버지께서 외삼촌과 내게 가르쳐주신 좌우명이 뭔지 아니? "인생을 너무 심각하게 받아들이지 말자"는 거야. 이 말은 별 것 아닌 것 같고, 심지어는 상투어처럼 들리기도 하지만 막상 실천하기란 쉽지 않단다.

나도 그 말을 실천하기 위해 각별히 노력해야 했어. 삶을 너무 심각하게 받아들이지 않으려면 다른 사람 때문에 불쾌해하지 말아야 하고, 서운한 감정을 가져서도 안 되고, 남을 용서할 줄도 알아야 하지. 자기 잘못을 인정하는 것은 물론 그냥 웃어넘길 줄도 알아야 해. 또 분노를 다스릴 줄도 알아야 하지. 화날 때는 다른 사람들에게 격한 감정을 퍼붓기 쉬우니까.

우리가 화를 내는 이유는 대개 자기를 너무 중요하게 여기기 때문이야. 자기가 한 일이나 행동보다 자신의 인격을 존중해야 한다고 생각하니까 그런 거지. 상대방이 내게 무례하게 말한다거나 관습이나 규칙을 따르지 않는다고 해서 화를 내는 사람들이 많아. 하지만 남의 비난에 내가 불쾌해지는 건 실은 내 안에 그런 비난을 받아 마땅한 부분이 있기 때문이지.

남에게 불만을 품기란 쉬운 일이야. 서운한 감정을 속으로 감추면 눈앞의 싸움을 피할 수 있고 뭔가 잘못되었을 때 다른 사람을 비난할 수도 있으니까. 우리는 자신의 사악한 면이나 불안감에 정면으로 맞서지 않고 피해버리는 경우도 많아. 그렇게 하는 건 정말 어렵거든. 남에게 화풀이하는 게 훨씬 더 쉽지.

또 다른 중요한 교훈은 자신에게 너무 심각할 필요가 없다는 거야. 속상하고 화날 때도 있고, 자신감을 잃을 때도 있어. 주변 사람들의 위로가 필요한 경우지. 실망, 분노, 좌절을 느끼면 억지로 참으려 하지 말고 가까운 사람들과 그 경험을 함께해야 해. 그런 다음에는 더 이상 그것에 연연하지 말고 잊을 줄도 알아야 하지. 그냥 웃어넘기고 새로 시작하는 거야. 모든 걸 심각하게 받아들이고 거기에 짓눌려 살기에 이 세상엔 너무 아름답고, 재미있고, 특별한 일이 많지 않니?

우리 가족 가운데 이모할머니 한 분은 당신 아버지의 말 한마디에 기분이 상해 가족과 40년 동안 의절하고 사셨어. 이모할머니의 따님들이 별로 예쁘지 않으니까 신랑감을 기다리기보다 남자 없이도 스스로 앞가림을 할 수 있도록 공부를 잘 시키라고 하셨다는구나. 이 말은 여러 가지로 생각할 수 있지만, 이모할머니가 모욕으로 여기는 바람에 당신 따님들은 다른 가족과 평생 만나지도 못하고 살았어.

그 아버지가 돌아가신 뒤에야 이모할머니는 결국 형제들과 다시 연락하셨고, 그래서 우리는 사촌 여럿을 새로 만나게 되었지. 그 일이 있은 지 두 세대나 지난 지금, 우리는 이제 서로의 존재를 감사히 여기며 그 일을 웃어넘길 수 있단다.

네 자신을 믿으렴

부모의 말 한마디가 아이들에게 얼마나 큰 영향을 주는지 알고 있니? 부모의 말은 너희의 세계관을 바꿀 수도 있어. 하지만 다른 사람이 너희들에게 하는 말들은? 그것까지 부모가 어떻게 할 수는 없겠지. 그래서 우리는 너희에게 스스로를 믿도록 가르쳐야 하고, 다른 사람들의 말에 자신의 믿음과 가치관이 흔들리지 않도록 해주어야 해. 이솝 우화를 한번 들어보겠니?

옛날에 여우 한 마리가 숲을 어슬렁거리다가 치즈 조각을 물고 있는 까마귀 세 마리를 보았어. 여우는 배가 고팠지만 까마귀들은 여우가 올라갈 수 없는 높은 나뭇가지에 앉아 있었지. 치즈를 빼앗으려면 머리를 써야 했단다. 첫 번째 까마귀가 치즈를 먹으려 할 때 여우가 까마귀를 올려다보며 말했어.

"당신은 정말 아름답군요. 제 평생 당신만큼 예쁜 새는 본 적이 없습니다." 이런 칭찬에 까마귀는 아래를 내려다보았고, 갑자기 자기 자세가 괜찮은지, 깃털은 엉키지 않았는지 신경이 쓰였어. 나무 아래에는 경탄하는 눈길로 자기를 우러러보는 여우가 있었지. 까마귀는 여우의 칭찬을 더 잘 들으려고 날아 내려와 아래쪽 나뭇가지에 앉았어. 여우는 옳다구나 싶었지.

"오, 이제 당신이 더 잘 보이는군요. 깃털이 정말 예뻐요. 게다가 그렇게 완벽한 부리는 처음 봐요. 목소리도 분명히 아름다우시겠지요?" 그 말을 듣고 까마귀는 열렬한 팬을 위해 노래를 부르려고 입을 벌렸어. 하지만 그만 물고 있던 치즈를 툭 떨어뜨리고 말았지. 여우는 재빠르게 치즈를 주워 물고 꿀꺽 삼켰어. 까마귀는 그제야 속은 줄 알았지만 맛난 치즈는 벌써 사라지고 없었단다.

이 광경을 지켜보던 두 번째 까마귀는 화가 치밀었어. 여우가 자기 친구를 속이다니! 여우는 자신을 노려보고 있는 두 번째 까마귀를 발견하고는 대뜸 시비를 걸었어.

"넌 뭘 보냐? 못생긴 까마귀 같으니. 세상에 너처럼 더러운 녀석은 처음 봤다. 네 깃털은 원래 그렇게 시커먼 거냐, 아니면 때가 묻어서 그런 거냐? 그렇게 더러우니 친구도 없겠지? 있어도 네 곁에 가려면 코를 감싸쥐겠구나. 뻔하지." 여우가 약을 올릴수록 까마귀는 점점 더 화가 치밀었어. 그렇잖아도 까만 깃털이 늘 마음에 걸렸는데……. 두 번째 까마귀는 여우에게 따지려고 입을 열었어. 하지만 소리도 내기 전에 치즈가 부리에서 떨어졌지. 물론 여우는 이번에도 치즈를 낼름 삼켜버렸어.

이제 여우는 세 번째 까마귀에게 다가갔지. 그런데 이 까마귀는 친구들과 여우의 모습을 무관심하게 바라볼 뿐이었어. 여우는 세 번째 까마귀를 화나게 할 양으로 자극하기 시작했지.

"넌 네가 저 친구들보다 낫다고 생각하지? 너처럼 멍청한 까마귀가 인생에 대해 뭘 알아? 거기 앉아서 무관심한 것처럼 구경만 하지만 실은 너무 약해빠져 아무것도 할 수가 없어서 그런 거 아냐? 누가 모를 줄 알고!"

그러나 까마귀는 여우를 내려다보고 웃으며 치즈 조각을 천천히 먹기 시작했어. 다급해진 여우는 이제 작전을 바꾸었지.

"아, 제가 잘못 판단했나 보군요. 결국 똑똑한 까마귀는 당신뿐이네요. 우리 둘이 힘을 합치면 이 숲을 지배할 수 있지 않을까요? 친구여, 어떻게 생각하세요?" 하지만 세 번째 까마귀는 아랑곳하지 않고 치즈만 맛있게 먹었어. 여우와 다른 까마귀들은 세 번째 까마귀가 치즈를 다 먹는 모습을 부러운 눈길로 쳐다보았단다.

큰 꿈을 품어봐

우리 엄마는 나를 임신하셨을 때 아버지와 손을 잡고 크게 기뻐하시면서도 상당한 부담을 느끼셨대. 여러 달 전에 단돈 8달러만을 쥐고 미국에 오신 부모님 수중에는 돈이 얼마 없었고, 아버지는 전공의 수련 중이셨거든. 당시 엄마는 스물한 살, 아버지는 스물세 살이었지. 계산을 해보니 미국에서 출산을 하려면 800달러 정도가 필요했어. 당시 두 분에게는 천문학적인 비용이었지.

부모님과 친척 분들은 어떻게 출산 비용을 준비할지 머리를 맞대고 고민하셨어. 결국 모두가 십시일반으로 돈을 모으기로 했지만 그래도 턱없이 부족했지. 때마침 삼촌 중 한 분이 좋은 의견을 내셨어. 당시 인도행 비행기표가 200달러 정도였으니까 인도로 가는 편이 미국에서 출산하는 것보다 돈이 적게 들겠다는 거야. 돈을 모으면 인도행 편도 비행기표쯤은 살 수 있었고, 출산 후에는 내 조부모님들에게 부탁해 미국행 비행기표를 마련한다는 계획이었어. 그제야 안심한 아버지는 샴페인을 한 병 터뜨렸고 모두들 엄마의 임신을 마음 놓고 축하할 수 있었지.

한참 축하하는 분위기였는데 다른 삼촌이 불쑥 말했어. "아무래도 안 되겠어. 아기가 인도에서 태어나면 미국 대통령 선거에 나갈 수 없잖아." 삼촌의 이 말에 흥겨웠던 분위기는 찬물을 끼얹은 듯 가라앉았지. 부모님은 다시 고개를 숙이셨어. 미국이 아닌 곳에서 태어난 자녀가 미국 대통령 선거에 출마할 수 없다는 건 아주 심각한 문제였거든. 신규 이민자에게 미국은 기회의 땅이었어. 그런데 어떻게 그런 기회를 사랑하는 자식에게서 아예 처음부터 빼앗아버릴 수 있었겠니?

다음 며칠 동안 부모님과 친척 분들은 어디서 아기를 낳을 것인지 고심했어. 그리고 어느 날 아침, 아버지는 이 문제를 오랫동안 고민한 친척 한 분의 전화를 받으셨지. 그분은 헨리 키신저 이야기를 하셨대. "키신저는 평생 대통령 선거에 출마할 수 없지만 전 세계에 엄청난 영향력을 행사하고 있고, 널리 존경을 받고 있지 않은가."

그분의 주장은 일리가 있었고, 부모님은 다시 안도하셨어. 현실적으로 두 분에게는 미국에서 아기를 낳을 경제적 여유가 없었거든. 두 분이 돈을 모으고 또 친구들에게 빌려서 엄마는 결국 인도행 비행기에 오르셨단다.

부모님은 자식을 위해 작은 희생을 감수하면서도 자식이 이룰 수 있는 일에 대한 꿈은 잃지 않으셨어. 내게 무엇이든 할 수 있다는 자신감을 불어넣어준 것은 바로 이 꿈이었지.

무엇이든 이룰 수 있다는 걸 자녀가 깨닫게 하려면 어떤 방법으로 아이들을 독려해야 할까요? 세상을 바꾼 역할 모델과 지도자들을 생각해보고 큰 영감을 주는 이들의 이야기를 자녀에게 들려주겠다고 약속해보세요.

가치
나와 남을 대하는 법
values

진정한 성공의 기초는 가치관이야

외삼촌과 내가 어릴 때 부모님이 가르쳐주신 중요한 교훈이 있어. 살아가면서 우리가 하는 모든 일에 필요한 가치가 뭔지 알아야 한다는 것이었지. 어린 아이들이 대개 그렇듯이 우리는 부모님이 하시는 말과 행동을 듣고 보면서 이런 가치를 배웠어.

아버지는 우리에게 스스로의 가치관을 직접 만들라고 하셨어. 이렇게 연습한 덕분에 자라면서도 내내 가치관을 잊지 않았지. 이때 생긴 가치관은 우리가 학교와 직업을 선택하고, 개인적인 결정을 내리고, 인간관계를 맺어가는 데 필요한 원동력이 되었어.

매일 아침 우리는 그날 하루 어떤 소중한 경험을 가장 하고 싶은지를 곰곰이 생각했단다. 그러니까 우정, 사랑, 평화, 조화, 웃음, 창조성, 직관, 발견 등을 놓고 생각해보는 거야. 조용히 명상을 하면서 마음의 소리를 들으면 깨달을 수 있었어. 우리가 가장 소중히 여기는 경험은 마음을 즐겁게 해주고 안정감과 사랑을 준다는 것을.

그 다음에는 그 경험을 어떻게 찾아내고 길러낼 것인지 깊이 생각했어. 그럴 때면 언제나 다른 사람들에게 그 경험을 먼저 베풀고, 함께 나누고, 창조해 나가야 한다는 결론을 얻을 수 있었지. 그런 식으로 우리는 늘 다른 사람들과 소통했고, 우리가 대접받고 싶은 대로 남들을 대했어. 그것은 또 우리 못지않게 성공과 성취를 원하는 다른 사람들까지도 배려하는 비전을 만들어주었지. 하지만 가장 중요한 점은 우리가 깨달음과 창의성, 열정을 바탕으로 스스로의 운명을 만들어나갔다는 거야.

우리는 부모로서 너희에게 자신감을 주고 사랑과 존중으로 다른 사람을 대하는 가치관을 심어주고 싶단다. 간단한 명상 연습을 해보면 무엇 때문에 기분이 좋아지는지 깨달을 수 있을 거야. 그것을 알고 나면 다른 사람들과 함께 그 감정을 찾고 나눌 수 있게 되지.

가장 소중하게 여기는 열 가지 가치를 말해보세요. 자녀에게 모범을 보이면서 이런 가치를 가르치겠다고 약속해보세요.

적敵도 너와 크게 다르지 않아

1997년 8월 14일, 인도가 독립 50주년을 맞은 기념일 전날이었지. 나는 파키스탄 근처의 접경 도시인 암리차르로 순례 여행을 갔어. 일행은 내 어린 사촌 라디카, 인도 배우인 라훌 보세, 유명한 인권운동가이자 예술가인 라지브 세티, 나까지 모두 네 명이었단다. 우리는 어둠이 깔리기 전에 뉴델리에서 이미 승객들로 꽉 찬 암리차르행 기차에 올랐어. 그리곤 기차에서 각자 이 여행이 자신에게 어떤 의미인지 곰곰이 생각해보았지.

1947년 8월 15일은 20세기 인도의 역사에서 아주 중요한 날이야. 인도는 200년 이상 영국의 지배를 받다가 마침내 대중의 굳은 의지로 압제자를 물리친 거지. 인도 국민들은 마하트마 간디의 지도 아래 단호한 결의와 평화 시위를 통해 영국의 억압을 거부하고 승리를 쟁취했어. 이렇게 그날은 승리와 명예를 되찾은 경사스러운 날이었지.

하지만 우리 가족을 포함한 많은 이들에게는 폭압과 강제 이주로 너무나 힘든 시기이기도 했단다. 우리 조부모님과 친척들은 펀자브 주의 시알코트에 사셨는데, 거기는 영국과 다른 중재국들이 마음대로 지도 위에 그은 선 하나 때문에 파키스탄의 일부가 되어버린 곳이었어. 게다가 시알코트와 주변 도시들은 대부분 이슬람교 지역이었고 이제 다른 나라가 될 참이었지. 그래서 힌두교도인 우리 가족은 고향을 떠나 새 땅으로 이주해야 했던 거야.

폭동과 폭도들로 혼란스러웠던 어느 날 밤, 존경 받는 경찰관이셨던 우리 할머니의 오빠가 이슬람계 폭도 우두머리의 총을 맞고 그만 세상을 떠나셨어. 공황 상태에 빠져 목숨에 위협을 느낀 우리 가족은 다른 수백만 인도 사람들의 대열에 합류해 안전과 평화를 찾아 서쪽의 인도로 떠났대. 해방 직후 몇 주 동안 무려 1백만 명 이상이 목숨을 잃었단다.

기차가 번잡한 델리를 뒤로 하고 떠나자, 나는 우리 조부모님과 친구 분들이 50년 전에 느꼈을 기쁨과 자유, 슬픔과 상실이 뒤섞인 감정을 상상해 보았어. 해방의 환희가 채 가시기도 전에 가족, 친구, 고향과 뿌리를 잃고 애도하는 심정이 과연 어떠했을까? 사실 이분들의 가장 가까운 친구 중에는 이슬람교도가 상당수 있었지. 이들은 몇 세대에 걸쳐 이웃이었고, 차이보다는 닮은 점이 더 많았어.

그 상처가 다음 세대들에게 어떻게 전해졌을까? 너희 아빠의 친한 친구 중에 자퍼와 샤자드라는 파키스탄 사람이 둘 있어. 아빠와 그 두 사람은 미국에서 같은 대학을 다니면서 인생에서 가장 중요한 시간을 함께했지. 그들은 언어와 풍습이 같았고, 같은 음식을 먹었어. 자퍼와 샤자드는 이슬람교 가정에서 자랐지만 인생관이나 가족과 우정에 대한 가치관은 우리와 같았지. 아빠와 내가 결혼 날짜를 잡은 뒤 아빠가 맨 먼저 전화했던 친구도 자퍼였어. 그런데 자퍼는 우리 결혼식에 참석하기 위해 비자를 신청했다가 거절당했단다. 인도와 파키스탄이 서로 적대시하기 때문이었지.

1997년 그날 밤, 5만 명이 넘는 인도인들은 국경 저편의 이웃들을 기다리면서 노래하고 춤추며 잔치를 벌였어. 저마다 평화와 우정에 대한 염원을 담은 촛불도 들었고. 하지만 국경 저편에서는 아무도 나타나지 않았어. 우리는 크게 실망했지.

다음 날 우리는 파키스탄에서 수천 명이 축하 행사에 참여하려고 했지만, 폭력 사태를 우려한 파키스탄의 국경 수비대가 이들을 저지했다는 뉴스를 들었어. 몸은 그 자리에 없었지만 그들은 인도인들의 해방 축제에 참여한 것이나 다름없었지.

국경 순례는 우리의 적이라고 들어왔던 사람들과 우리 사이를 잇는 다리를 만들기 위해 국민들 스스로가 내디딘 첫걸음이었어. 그 결과는 우리의 소망대로 되지 않아 실망스럽기도 했지만, 우리가 손을 내밀었고 그들도 다가왔다는 사실은 큰 위안이 되었지.

나는 눈앞의 결과에 연연하지 않고 첫걸음을 내딛는 일이 중요하다는 걸 깨달았단다. 그 첫걸음은 결국 근본적이고 지속적인 변화를 이루어낼 테니까.

약속 43

순수한 동정

옛날 어느 작은 마을에 바사바다타라는 이름의 무희가 살았어. 백 년에 한 번 나올까 말까 한 아름답고 재능 있는 무희였기에 그 나라의 반대편 끝에서도 사람들이 그녀를 보러 찾아오곤 했지. 바사바다타의 우아하고 정교한 동작은 남녀노소 할 것 없이 모두를 매료시켰어. 또 보는 이들의 근심을 잊게 했고 그들에게 행복과 안정감을 주었지. 그래서 수많은 구혼자들은 바사바다타에게 보석과 값비싼 사리를 선물했고, 시와 노래를 바치며 관심을 끌려고 했지. 하지만 그녀는 자신의 마음을 완전히 사로잡는 남자를 만나기 전에는 결혼하지 않겠노라고 했단다.

어느 날 바사바다타는 길을 걷다가 거리에서 자고 있는 젊은 승려를 보았어. 가까이 다가가서 보니 그렇게 온화하고 잘생긴 젊은이는 이제껏 본 적이 없었지. 그러니 한눈에 사랑에 빠질 수밖에. 지금까지 그토록 기다려 오던 감정이었어. 갑작스럽게 다가온 사랑에 바사바다타는 숨도 제대로 쉴 수 없었단다. 어지러운 마음을 다잡으며 그녀는 가장 아름답고 유혹적인 춤을 추었지.

무희의 발목에 달린 방울 소리에 잠에서 깬 젊은 승려 우파굽타는 눈앞에서 춤추고 있는 아름다운 여자를 보았어. 바사바다타는 미소를 지으며 말했지. "젊은이여, 거리에서 잘 필요가 없습니다. 제 집에서 오늘 밤 묵어

133

가세요. 제가 당신을 돌봐드리겠어요.” 그 말을 듣고 승려는 온화한 미소로 답했지. “지금은 아니지만 때가 되면 가겠다고 약속드리지요.”

몇 년 후, 승려는 다시 그 마을을 지나다가 거리 모퉁이에서 자고 있는 여인의 몸에 걸려 넘어졌어. 옷은 누더기였고 눈은 충혈된 데다 온몸이 상처투성이였지. 게다가 기침을 하며 숨을 거칠게 쉬고 고통으로 몸을 떨었어.

승려는 그녀를 조심스레 부축해 사원으로 데려갔어. 그리고는 상처를 닦아주고, 음식을 주고, 추위에 떠는 그녀에게 따뜻한 이불을 덮어주었지. 낯선 사람이 베푸는 동정에 감동을 받은 바사바다타는 승려를 쳐다보며 물었단다. “자비로운 승려님, 이토록 자상하고 따뜻하게 저를 돌보시는 당신은 누구십니까?”

우파굽타가 대답했지. “오래전에 당신께 약속했지요. 때가 되면 제가 가겠다고요. 이제 편히 쉬십시오. 제가 왔으니까요.”

다른 생명을 사랑하는 일은 아름다워

어느 여름날이었지. 외삼촌과 나는 뒷마당에서 놀다가 아기 고양이 두 마리를 발견했단다. 흰 바탕에 검은 점이 있고 사랑스러운 얼굴과 가냘픈 목소리를 지닌 온순한 고양이들이었어. 너무 작아서 두 마리 다 열 살짜리 내 작은 손 안에 쏙 들어갔지. 자세히 보니 고양이들은 상처를 입었고 겁에 질린 듯했어.

우리는 고양이들을 집안으로 데려오자고 엄마를 졸랐어. 엄마는 주인이 따로 있을지도 모르고, 병에 걸린 고양이일 수도 있다면서 망설이셨지. 하지만 결국 현관 문밖에 작은 바구니를 놓고 거기에 고양이들을 넣자고 하셨어. 그러면 엄마 고양이나 주인이 아기 고양이들을 쉽게 찾을 수 있을 테니 말이야.

우리는 바구니 안에 방석을 깔고 어린 고양이들을 넣었어. 상처도 닦아주고 따뜻한 우유를 그릇에 담아주었지. 고양이들은 순식간에 우유를 다 먹더니 곧 깊은 잠에 빠졌어. 외삼촌과 나는 우리가 좋아하는 인도 신화에 나오는 어린 형제의 이름을 따서 고양이들에게 루브와 쿠시라는 이름을 지어주었어.

그렇게 한 주일이 지났어. 나는 밤이면 혹시 고양이들이 아프지 않을까 싶어 슬그머니 아래층으로 내려가서 고양이들을 확인하곤 했지. 어느 날 저녁엔 뉴스에서 밤에 비가 올 거라는 예보를 듣고 엄마에게 달려가 고양이들을 집안으로 데려오자고 울면서 말했던 적도 있었단다. 그때 엄마는 차고에 들여도 좋다고 허락하셨지.

루브와 쿠시는 하루가 다르게 튼튼해졌어. 놀기도 잘하고 개구쟁이처럼 활발해졌지. 털실 꾸러미를 갖고 놀다가 온몸이 엉키기도 했고, 테니스공을 가지고 놀 땐 우리가 손을 흔드는 대로 팔짝팔짝 뛰어오르기도 했어. 그리고 밤에는 꼭 부둥켜안고서 서로의 체온에 안정을 느끼며 곤히 잤지.

또 한 주일이 지나자 부모님은 루브와 쿠시가 정말 길을 잃었거나 버려졌다고 확신하셨어. 엄마는 동물보호소에 전화를 하셨지. 고양이들을 보호소에 맡겨서 혹시 전염되는 병은 없는지 확인을 해야 한다는 거야. 우리는 조금만 더 기르게 해달라고 애원했지만 통하지 않았어. 고양이들은 우리 것이 아니고 전문가가 돌봐야 한다는 말씀이셨지. 고양이들을 보호소에 데려가기 전날 밤 나는 잠을 이루지 못했단다.

다음 날, 우리는 정성들여 꾸린 루브와 쿠시의 바구니를 들고 보호소로 갔어. 보호소 직원에게 고양이들이 우유를 아주 잘 먹고, 베개의 어떤 부분을 베고 자는 걸 특히 좋아한다고 말했지. 나도 모르게 눈물이 났어. 털실 뭉치와 '너희를 사랑해'라고 쓴 새 소프트볼 하나도 맡겼어. 차를 타고 보호소에서 멀어져가면서는 내 영혼의 일부가 떨어져나가는 것만 같아 울고 또 울었지.

외삼촌과 나는 너무 실망해서 부모님에게 화가 날 정도였어. 버려진 고양이들을 집에서 키우는 일이 뭐가 그리 위험한지 이해할 수 없었지. 부모님을 영영 용서할 수 없을 것 같다고 생각하던 중에 이틀 뒤 보호소에서 전화를 받았어. 루브와 쿠시의 주인을 찾았다는 거야. 주인은 우리가 아기 고양이들을 돌봐준 걸 무척 고마워한다고 했대. 하지만 나는 더 상심했어. 혹시 고양이들을 정식으로 다시 집에 데려올 수 있지 않을까 내심 기대했 거든. 나는 방에 틀어박혀 침대 위에서 엉엉 울었어.

그날 저녁 부모님이 내 방문을 두드리셨어. 그리곤 외삼촌도 부르셨지. 부모님은 우리가 루브와 쿠시를 얼마나 아끼는지 보시고 그 책임감과 애 정 어린 태도에 감복하셨대. 두 분은 우리에게 제안을 하셨어. 루브와 쿠 시는 이제 가질 수 없지만 대신 강아지 한 마리를 기르는 게 어떠냐고. 나 는 내 귀를 의심했어. 그리고 내 젖은 눈에서는 이제 다른 눈물이 났지. 기 쁨과 고마움의 눈물이. 나는 벌써부터 (나중에 니콜라스라고 이름 지은) 털북숭이 우리 강아지의 모습을 상상하고 있었어.

나는 외삼촌과 내게 이토록 아름다운 선물을 준 루브와 쿠시에게 감사 하면서 잠자리에 들었어. 두 아기 고양이는 우리의 마음을 열어주었고, 그 덕분에 우린 늘 소원이던 강아지를 기를 수 있게 되었단다.

겸손의 미덕

"비켜!"

원숭이 신 하누만은 대체 누가 자기에게 그토록 무례하게 말하는지 보려고 고개를 돌렸어. 눈앞에는 어깨가 떡 벌어진 거인이 허리춤에 손을 괴고 서 있었지.

"어서!"

그가 다시 소리쳤지만 하누만은 픽 웃었어. 그 거인은 세상에서 가장 힘센 남자인 비마였어. 그 힘으로 약한 사람들을 도왔지. 얼마 전에는 악령의 저주를 받은 마을을 도와주기도 했어. 오랫동안 마을 사람들에게 겁을 주던 악마를 비마만이 물리칠 수 있었거든. 하지만 하누만은 한 번 더 웃고 등을 돌렸어.

"멍청한 원숭이 따위가 나를 비웃다니! 저리 비키지 못해?"

비마는 이 원숭이의 배짱에 기가 막혔어. 사람들은 비마가 다가오면 길을 피해주고 그에게 절을 했거든. 그런데 기가 막히기는 하누만도 마찬가지였지. '내가 누군 줄 전혀 모르는 게지.' 하누만은 이렇게 생각했어.

과연 비마는 이 원숭이가 이승과 저승에서 큰 존경을 받는 위대한 신 하누만인 줄은 꿈에도 알지 못했어. 하누만은 특히 자비로운 신으로 유명했지. 그런데 하누만도 이해하지 못하는 일이 있었어.

'인간들이 나를 사랑하는 건 좋은 일이지. 그런데 왜 자기들끼리는 서로 사랑하지 못하는 걸까?'

하누만은 서로 다투고 싸우는 인간들의 모습을 오랫동안 봤어. 그리고 지금 비마의 행동에 그는 인내심의 한계를 느꼈지. '좋아, 이제 손을 좀 봐줘야겠군.'

"내 말이 안 들려? 귀가 먹었나? 비키라니까!"

비마가 벌써 네 번이나 비키라고 말했어. 이윽고 하누만이 돌아보았지.

"보다시피 나는 약한 원숭이요. 움직이려니 뼈가 욱신거린다오. 댁은 아주 힘이 세 보이는데 날 좀 옮겨 주시구려."

"비키라는데 잔말이 많아. 게으른 원숭이 녀석 같으니."

화가 치민 비마는 이렇게 말하고는 몸을 숙여 원숭이를 옆으로 치우려고 했어. 그런데 놀랍게도 털끝 하나 움직일 수 없는 거야. 비마가 아무리 밀고 당기고 밀치고 발로 차도 하누만은 꿈쩍하지 않았지. 마침내 비마는 힘이 빠지고 풀이 죽었어. 자기가 얼마나 무례했고 원숭이의 힘을 얕잡아 보았는지 깨달았지.

그러자 원숭이는 미소를 지으며 아무렇지도 않다는 듯 일어나 자리를 비켜주었어. 그제야 비마는 그 원숭이가 바로 위대하고 힘세고 성스러운 신인 하누만인 걸 알아차렸지. 겸손해진 비마는 자기 동굴로 들어가기 전에 원숭이 신 앞에서 절을 하며 사과했어. 그리고 앞으로는 신을 대하듯 다른 이들도 늘 존중하겠노라고 약속했지.

아이에게 바라는 가장 큰 자질은 무엇인가요? 이런 자질이 당신에게 왜
중요한가요?

우정의 소중함을 가르쳐줄게

네 아빠의 외할아버지 바라 파파는 세 들어 사는 집의 주인과 절친한 친구로 지내셨어. 두 분은 같은 시기에 결혼했고, 아내들도 친자매처럼 지냈지. 아이들도 함께 자랐어. 두 친구는 매일 오후에 함께 앉아 차를 마시면서 그날 있었던 일과 가족, 세상사 등에 관해 이야기를 나누었어. 네 아빠의 어머니와 형제자매들은 집주인을 친삼촌처럼 친근하게 대했단다.

그런데 당시 인도의 재산 관련법은 큰 변화를 겪고 있던 중이었어. 그래서 아빠의 외할아버지와 친구 사이에도 집세를 놓고 견해 차이가 생기게 되었지 뭐니. 그래도 우정이 더욱 소중했기에 집주인은 몇 년 동안 그 차액을 눈감아주었어. 하지만 집주인의 아들들은 생각이 달랐지. 어느 날 아버지가 세입자에게 속아 상당한 금액을 손해보고 있다고 느낀 아들들은 아버지에게 따졌어. 그리고 상의 한마디 없이 법원에 가서 바라 파파를 상대로 더 많은 임대료를 지불하라는 소송을 제기했어. 집주인은 이 소식을 듣고 무척 속이 상했지만 자식들에게 등을 돌릴 수는 없는 노릇이었지.

임대료를 결정하기 위한 소송은 이렇게 시작되어 수십 년을 끌었어. 인생의 반석이 되었던 두 분의 오래고 소중한 우정도 그렇게 끝이 났지. 두 분의 관계가 소송 때문에 어색해진 거야. 두 분은 더 이상 오후에 차를 함께 마시지 않았고, 서로 마주치는 일조차 피할 정도였어. 아내들끼리도 못

만나게 했지.

가장 큰 비극은 바라 파파의 딸, 그러니까 네 할머니가 결혼할 때 일어났어. 집주인과 그 가족은 당연히 결혼식에 초대받지 못했지. 그런데 집주인의 아내는 네 할머니가 자라는 모습을 어릴 때부터 지켜보며 자기 자식처럼 생각했던 분이라 정말로 안타까워했대. 그분은 숨어서 뺨에 흐르는 눈물을 훔치며 네 할머니가 결혼식장으로 떠나는 모습을 지켜보았단다. 그리고 하인을 시켜 누구라고 밝히지 않은 채 네 할머니에게 결혼 선물이 든 꾸러미를 전달했어. 그 꾸러미를 풀자 거기에는 집주인의 아내가 평생 가장 아끼고 소중히 간직해온 보석이 들어 있었지.

소송은 더디게 진행되었고 언제 끝이 날지 알 수 없었어. 그래서 사건이 해결될 때까지 두 분은 몇 년 동안이나 매주 법원에 출석해야 했단다. 두 분은 서로 잘 지내는지 묻고 싶은 마음이 꿀떡 같았지만 체면과 자존심으로 억누르면서 법원에서 어색하게 마주 볼 뿐이었어.

그러던 어느 날 오후, 바라 파파가 법원에 가려고 차에 앉아 있을 때였어. 집주인이 창문을 두드렸지. 바라 파파가 창문을 내리자 집주인은 존중의 표시로 합장을 한 다음 말했어. "혹시 법원까지 태워줄 수 있겠나? 어차피 둘 다 같은 곳에 가는데 따로 가는 건 기름 낭비 아닌가." 바라 파파는 고개를 끄덕이며 타라고 했어. 말없이 법원으로 가는 동안 두 분 사이를 가로막고 있던 첫 번째 벽은 이미 무너져 내렸지.

이렇게 해서 서로 싸우기 위해 매주 법원에 함께 가는 기이한 전통이 생겨났단다. 두 분은 서서히 말을 트기 시작했고, 그동안 어떻게 지냈는지 이야기했어. 아이들이나 일상의 다른 일에 관해서도 대화를 나누기 시작했지.

오래지 않아 두 분은 법원에 가는 일을 오히려 바라게 되었고, 서로 대화를 나눌 시간을 벌기 위해 매번 조금 더 일찍 집을 나서게 되었단다.

평생 너의 친구가 될 거야

타라, 네가 자라면서 우리 가족의 사정은 많이 변했지. 엄마의 경우도 그랬어. 외삼촌과 내가 자라면서 부모님은 많이 달라지셨는데, 여러 면에서 전보다 더 여유롭고 훨씬 더 안정감을 느끼셨단다.

밤잠 못 자던 아버지의 레지던트 시절도 지났고, 해가 갈수록 새로운 나라에서 이민자로 살아가는 스트레스도 사라졌어. 아버지가 늘 일에 매달리던 동안 혼자서 두 아이를 키워야 했던 엄마의 외로움도 줄어들었고, 어려웠던 집안 형편과 경제 사정도 많이 나아졌지. 두 분이 끈기 있게 열심히 일하신 덕분이야.

또 부모님은 미국에서 가족과 친구 등 인간관계도 넓어지면서 개인으로서도 한층 자신감을 얻게 되셨어. 그리고 아버지는 명상을 통해 정신적 깊이를 추구하면서 폭넓은 저술과 강연으로 세계적인 지도자가 되셨지. 그렇게 부모님은 행복한 새 삶을 누리게 되신 거야.

아버지가 스트레스를 덜 받고 행복과 평안을 느끼게 되면서 외삼촌과 나는 정말로 아버지와 친구가 될 수 있었단다. 사실 아버지는 장난기가 많은 분이어서 늘 새로운 걸로 우리를 즐겁게 해주셨어. 그래서 우리는 아버지와 함께 있을 때면 새로운 게임이나 모험에 빠져들곤 했지.

제일 기억에 남는 청소년기의 추억은 가족과 함께한 스키 여행이야. 아버지와 우리는 함께 스키 강습을 받은 다음 경주를 했지. 그리곤 엄마와 함께 점심을 먹으면서 각자 자기가 스키를 제일 잘 탄다고 입에 침이 마르도록 자랑을 했어. 물론 엄마에게 칭찬을 듣고 싶어 가장 열을 올리는 건 아버지였고, 이런 아버지의 허풍을 듣기만 해도 우리는 배꼽이 빠지도록 웃기 일쑤였지.

어느 날 오후, 우리 셋은 스키 리프트를 타려고 줄을 서서 기다리고 있었어. 그때 리프트를 함께 탈 사람을 찾느라 누가 아버지에게 "혼자세요?" 하고 큰 소리로 물었지. 아버지는 짐짓 진지한 표정을 지으며 답하셨어. "아뇨. 결혼 15년 된 아주 행복한 남편입니다. 이 녀석들이 제 아이들이에요!" 동생과 나는 이미 아버지의 엉뚱한 행동으로 창피해하던 때를 지나 재밌어하는 나이였어. 그래서 우리는 어떻게 대답해야 할지 몰라 어리둥절해하는 그 사람을 보고 실컷 웃었지.

리프트를 타고 산꼭대기에 오른 후에, 우리는 또 경주를 하기로 했어. 우리 셋은 각각 슬로프 아래로 미끄러져 갔고, 앞으로 나가는 데만 집중하다보니 서로가 어디 있는지 곧 보이지 않게 되었지. 산 아래로 내려오자 동생이 먼저 도착해 있었고 아버지는 보이지 않았어. 그래서 우리는 아버지를 어떻게 놀려줄까 계획하면서 기다렸단다. 그런데 한참을 기다려도 아버지가 오시지 않는 거야.

30분쯤 지난 뒤에야 드디어 아버지가 슬로프 아래에 도착하셨지. 온몸이 눈으로 뒤범벅이 되어 모자며 장갑, 고글, 스키복 등이 엉망이었어. 우리가 넘어지셨냐고 물었더니 아버지는 고개를 저으셨어. "아니, 한번도 안 넘어졌어!"

아버지는 슬로프에서 심하게 넘어져서 다리가 부러졌을지 모르는 남자를 봤다고 하셨어. 응급 서비스가 도착할 때까지 그 사람을 도와줘야겠기에 멈출 수밖에 없었다는 거야. "그러니까 너희는 이 아빠를 놀릴 게 아니라 영웅 대접을 해줘야 한다." 그러더니 아버지는 경주를 한 번 더 하자고 제안하셨어. 우리 둘은 의심스러운 눈길을 주고받았지만 아버지 표정이 워낙 진지해서 그 말씀을 그대로 믿었지.

그런데 얼마 뒤에 다시 리프트를 타려고 기다리는데, 한 젊은 남자가 아버지에게 다가오더니 이렇게 말하는 거야. "저, 괜찮으세요? 아까 보니까 저 위에서 심하게 넘어지시던데, 다리가 부러지지 않은 게 천만다행입니다. 정말 괜찮으세요?" 아버지는 조그만 소리로 괜찮다고 하셨어. 그런 다음 동생에게 얼굴을 돌려 장난기 어린 표정으로 말씀하셨어. "나를 다른 사람으로 잘못 봤나 보다. 그 사람 스키복이 내 거랑 비슷했거든."

동생과 나는 무릎을 치며 웃었지만 아버지는 넘어진 게 아니라고 시치미를 뚝 떼셨지. 그리고 너무도 결연한 표정으로 다음 경주를 시작하시는 거야. 동생과 나는 웃음이 터져나와 경주에 집중할 수가 없었어. 그리고 결국 아버지는 우리를 이기셨지.

순수한 마음의 힘

인도의 신년 축제 디왈리는 사람들에게 행운과 부를 가져다주는 여신 라크슈미를 기리는 날이야. 디왈리 기간에는 인도 전국이 불빛으로 뒤덮이고, 수많은 놀이와 축제가 펼쳐지지.

매년 디왈리가 되면 사람들은 여신을 섬긴다는 표시로 밤에 집 주변을 촛불과 등불로 밝힌단다. 그러면 라크슈미 여신이 그 가정을 찾아가 축복을 내린다는 전설이 있거든.

디왈리를 맞아 세상에서 가장 화려한 광경을 연출하고 싶었던 한 부자의 유명한 이야기가 있는데 들어볼래? 그는 자신의 재산을 자랑하고 성공을 자축하고 싶었어. 자기가 라크슈미의 은총을 가장 많이 받는다는 걸 다른 사람들에게 과시하고 싶었지. 그래서 세계 곳곳의 등불을 특별히 주문했고, 불꽃놀이로 하늘을 밝혔어. 마을 사람들이 모두 나와 그 광경을 보았는데, 개중에는 부자를 시기하는 사람도 있었지. 그래도 사람들은 라크슈미가 자신을 그토록 화려하게 섬기는 그 부자에게 분명히 축복을 내릴 거라고 생각했어.

부자의 하인들 중에는 집 뒤란에 사는 나이 든 하녀가 있었단다. 병든 아들이 하나 있어 매일 입에 풀칠하기도 바빴지. 부자는 가난한 이들의 절박한 사정을 악용해 품삯을 쥐꼬리만큼만 주었어. 세상에서 가장 부자였지만 그 여인의 아들을 위해 약값에 쓰라고 조금이나마 돈을 더 준 적은 없었지.

여인도 그날 밤 라크슈미를 기리고 싶었지만 돈이 없어 등불을 살 수가 없었어. 그저 부자의 궁전 같은 집에서 밝게 빛나는 불빛과 하늘을 밝히는 불꽃놀이를 보는 게 고작이었지. 하지만 여인은 한눈을 팔지 않고 자기가 할 일을 열심히 했어.

아들의 저녁 식사를 준비하고 나니 남은 기름이 거의 없었어. 그것 가지고는 자신의 식사를 마련하는 데 쓰거나 초 하나를 만들면 끝이었지. 여인은 주저 없이 식사를 포기하기로 했어. 그리고는 밀랍을 구해 남은 기름으로 세상에서 가장 간소한 초를 만들었단다.

그날 밤, 부자가 세상에서 가장 근사한 불꽃 축제를 벌일 때, 여인은 그 작은 촛불 하나를 창가에 두고 조용히 기도를 한 다음 잠자리에 들었어.

다음 날 아침, 부자가 잠에서 깨보니 간밤에 자기가 벌인 불꽃 축제를 다룬 신문이 수북이 쌓여 있었지. 하지만 돈을 내라는 청구서도 산더미였어.

하지만 가난한 여인은 잠에서 깼을 때 신들의 진정한 선물을 발견할 수 있었어. 아들이 건강하고 활기찬 모습으로 침대에서 뛰어내려온 거야. 아들의 병이 낫다니 기적이지 뭐겠니?

그날 여인의 아들은 시장에 갔다가 견습생을 찾는 사업가의 눈에 들어 일자리를 얻었어. 이제 그 모자는 더 이상 고생할 필요가 없었단다. 라크슈미는 여인의 겸손과 헌신, 순수한 마음을 보고 이들을 축복했던 거야.

인간의 존엄성은 가장 근본적인 권리야

내가 너의 아빠와 결혼한 뒤 우리는 몇 년 동안 인도에서 살았단다. 나는 자라면서 인도를 거의 매년 방문했지만 그곳에서 사는 것은 완전히 새로운 경험이었고, 때로는 매우 힘든 일이기도 했어.

인도는 흥미로운 나라이야. 세상에서 가장 흥미진진할 뿐 아니라 영적인 기운이 넘치고 역동적이며 활기에 넘치는 곳이지. 하지만 뉴델리 같은 도시는 매우 오염이 심한 데다 인구도 너무 많아 실망스러울 때가 많아. 또 인도에서는 시간도 더디 가는 듯하고, 공간도 다른 느낌이지. 이런 인도에서 살다보면 서구 세계에서 종종 느껴지는 긴장감이 아예 사라져 버려. 외국인들은 참을 수 없을 걸.

이런 일로 특히나 더 짜증스러웠던 어느 날, 아빠와 나는 할머니의 남동생인 프렘 할아버지 내외분과 저녁을 먹고 있었지. 우리는 프렘 할아버지를 종종 우리 가족의 '대부'라고 불렀어. 할머니 가족 중에서 가장 연세가 많으신 데다가 현명하신 분이었거든. 할아버지는 같은 세대의 어르신 가운데 사업으로 가장 크게 성공하셨어. 두 내외분은 우리 친척들에게 항상 고상함과 지혜, 세련미의 대명사였지.

그날 저녁 식탁에서 우리 부부는 인도에 대해 불평을 늘어놨단다. 숨 막히는 교통체증, 당국이 치워가지 않아서 집 밖에 산더미처럼 쌓이는 쓰레기, 서류 한 장 떼기도 쉽지 않은 관료주의, 부근에서 요즘 자주 일어나고 있는 범죄 등등······.

나는 답답한 심정에 프렘 할아버지께 어쩌면 인도에는 민주주의가 어울리지 않는 게 아니냐며, 영국 제국주의 시절에도 이랬느냐고 여쭙기까지 했지. 하지만 이 말을 입 밖에 내자마자 나는 내 말이 할아버지의 심기를 불편하게 했다는 걸 알았어. 할아버지께서 침묵하신 그 1분이 얼마나 길게 느껴졌는지 몰라.

할아버지는 이윽고 말문을 열고 또박또박 말씀하셨지. "나는 인도 사람인 게 자랑스럽고, 우리 인도는 자랑스럽게 여길 것이 아주 많단다. 너희는 자유를 당연한 것으로 받아들이지. 인도라는 나라는 지금 자유가 뭔지 안다. 이제는 우리의 운명을 우리가 스스로 만들어나가고 성공과 실패에 대한 책임도 우리가 질 수 있지. 하지만 이런 기본적인 권리도 없었던 때가 있었다. 백인들이 심심해서 우리에게 침을 뱉어도 괜찮았고, 우리가 우리 사원에 들어가는 데도 백인들의 허락을 받아야 했지. 나는 너희가 지금 말하는 이런 답답한 일들을 자랑스럽게 바라본다. 이제는 그런 문제를 개선할 힘이 우리에게 있기 때문이야."

할아버지는 옛날 사람들이 얼마나 억압에 시달리며 살았는지, 그리고 그 억압이 어떻게 영혼 깊은 곳까지 상처를 입혔는지 더 자세히 얘기해주셨단다. 그런 다음에는 마하트마 간디가 어떻게 국민들을 격려했는지 말씀하셨지. 그는 국민들에게 자부심과 자신감을 일깨워주었고, 누구의 지배도 받지 않아야 한다고 가르쳤어. 또 인도 국민은 꿈을 이룰 수 있다고 말했지.

　인도는 평화적인 저항이 엄청난 변화를 가져올 수 있다는 걸 만천하에 보여주었어. 인권에 대한 억압을 겪지 못한 우리 같은 세대는 지금 우리가 누리는 자유를 쟁취하기 위해 선조들이 힘겨운 투쟁을 벌였다는 사실을 잊기 쉽지. 그런 우리에게 프렘 할아버지는 내 아이들을 위해 더 나은 세상을 만들려 하는 나의 소망이 실은 여러 세대에 걸쳐 씌어지고 있는 대서사시의 일부분이라는 점을 일깨워주신 거야.

너의 열정은 나의 열정만큼이나 중요해

1980년대는 보스턴 셀틱스 농구팀의 팬들에게 대단한 시대였어. 보스턴 셀틱스와 LA 레이커스가 미국 프로농구를 제패했던 그때, 양 팀의 스타 선수인 래리 버드와 매직 존슨은 늘 박빙의 승부를 펼쳤지.

셀틱스와 레이커스의 경쟁은 또 우리 가족이 함께 시간을 보낼 수 있는 기회도 만들어주었단다. 부모님과 나는 스포츠에 별로 관심이 없었지만 네 외삼촌 고담은 농구를 무척 좋아했어. 우리 집에는 마치 셀틱스 팀의 기가 서려 있는 듯했지. 다행히 친척 중에는 농구를 좋아하는 사람들이 몇몇 있어서 고담은 말이 통하는 상대를 찾을 수 있었어.

고담은 그 친척들과 함께 농구에 관한 통계 수치나 트레이드 기록 등을 이야기하며 열을 올렸고, 각종 예측과 평가를 하면서 몇 시간을 떠들곤 했어. 그 덕분에 우리 집은 어느새 외삼촌의 친구와 친척들이 농구 경기를 보러 오는 아지트가 되었지.

보스턴에서 살 때를 생각하면 늘 가족들에게 둘러싸여 셀틱스 경기를 보던 것이 떠올라. 경기가 있는 날이면 맛난 음식과 웃음, 사촌과 친구, 친척들과 함께 보내는 즐거운 시간이 있었기에 나도 경기를 고대하게 되었지. 세심하고 자상한 엄마는 아들이 스포츠에 열광한다는 걸 일찍부터 알고 계셨어. 그래서 농구에 관심을 가지며 경기를 이해하려고 하셨고 선수들의 이름도 외우면서 아주 세세한 것까지 이야기하고 싶은 아들의 요구를 들어주느라 무던히도 애를 쓰셨어.

하지만 아버지는 외삼촌의 집착을 도무지 이해하지 못하셨어. 하루는 보스턴에서 유명한 음식점인 '리갈 시푸드'에 갔는데, 필라델피아 세븐티식서스 팀의 농구선수들이 우리 옆 테이블에 앉아 있지 않겠니? 고담은 너무 좋아서 말도 못하며 자신의 우상들이 클램 차우더나 생선 요리를 먹는 모습을 넋이 빠져라 쳐다봤지.

아버지는 아들 녀석이 인류의 삶을 변화시키는 작가나 의사, 사회운동가보다 바구니에 공이나 집어넣을 줄 아는 애송이 녀석들을 더 우상시한다는 걸 정말로 불쾌하게 생각하셨어. 스포츠는 아버지에게 아무 의미도 없었거든. 고담의 열정이 스포츠라면 아버지의 열정은 책과 의학, 종교였던 거야. 당연히 아버지는 왜 아들이 농구선수들에게 그토록 열광하는지 도무지 이해하지 못하셨지.

1987년 NBA 결승전 마지막 경기에서 래리 버드와 매직 존슨이 대결했어. 그날 셀틱스는 보스턴 팬들이 원하는 극적인 흥분과 재미를 모조리 선사했지만, 매직 존슨이 종료를 몇 초 남기고 훅슛을 넣는 바람에 레이커스에 석패하고 말았지. 외삼촌과 친척들은 절망에 빠졌고, 화기애애한 가족 모임이 그만 무거운 침묵과 우울한 분위기로 바뀌었단다. 고담은 TV에서 레이커스 팀이 기적 같은 승리를 축하하며 샴페인을 터뜨리고 웃고 춤추는 모습을 말없이 바라보기만 했어.

그때 다른 방에서 책을 읽고 계시던 아버지가 나오셨는데, 어두운 분위기를 보고 뭔가 기막힌 일이 일어났다는 걸 눈치채셨어. 숙부 한 분이 자초지종을 설명하자 아버지는 엉뚱하게도 이렇게 말씀하셨지. "그럴 리가 없어. 어젯밤에 명상을 하다가 매직 존슨이 경기 마지막 몇 초를 남기고 3점 슛을 넣는 모습을 봤는데? 셀틱스가 질 리 없지!"

우리는 모두 어안이 벙벙해 아버지를 바라보았어. 아버지가 명상에서 보신 영상이 실현되었으니 놀라워해야 할까? 아니면 어떻게 매직 존슨을 셀틱스 선수라고 생각하실 수 있냐고 따져야 할까? 참 난감했지. 외삼촌은 바로 울음을 터뜨리며 집 밖으로 뛰쳐나갔어.

그 뒤 고담은 몇 주 동안이나 아버지를 대할 때마다 아버지가 자신에게, 보스턴 시에, 그리고 전 세계 셀틱스 팬들에게 입힌 상처를 떠올리지 않을 수 없었어. 하지만 어느 날 저녁 마음이 흔들릴 만한 일이 일어났지. 래리 버드가 사인한 농구공을 아버지가 병원에서 가지고 오신 거야.

이듬해 고담과 아버지는 함께 셀틱스 경기를 보러 갔어. 아버지는 여전히 농구에 별 관심이 없었지만, 잠시나마 정말 관심이 있는 척하셨어. 자식을 판단하기보다 자식과 통하는 게 더 중요하다는 사실을 깨달으신 거야.

자녀와 소통할 수 있는 방법을 찾겠다고 약속해보세요. 관계를 다지는 새로운 방식에 마음을 열어놓고 자녀가 주도하게 해보세요.

교훈
너와 나눌 삶의 가르침
Lessons

경청의 힘

부모란 원래 아이들에게 뭘 하거나 하지 말라고 말하기가 쉽단다. 또 아이들에게 자기 의사를 표현하는 방법을 가르치려고 고심하기도 하지. 하지만 자기표현이 중요한 만큼 남의 말을 귀담아듣는 사람이 되도록 가르치는 것도 중요해. 그 소중한 교훈을 보여주는 인도의 민담을 들어보겠니?

태양신의 축일을 맞아 한 노파가 금식 기도를 하고 성수로 목욕재계를 했어. 그런 다음에 노파는 금빛 태양의 전차 행렬이 펼쳐져 사람들로 북적이는 거리로 나갔지. 노파는 정해진 의식에 따라 다른 사람에게 태양의 이야기를 들려주고 사원에서 가져온 축복의 쌀을 주려 했어.

노파는 이 길일을 맞아 자식들의 축복을 바랐기에 먼저 아들들을 찾아갔지. 하지만 아들들은 재산 관련된 소송 때문에 법원에 가야 했어. 게다가 이미 시간에 늦어서 노파가 이야기를 들어달라고 말하기도 전에 황급히 집을 나가버렸어.

노파는 할 수 없이 손녀에게 갔지만 친구들과 인형 놀이를 하느라 바쁜 손녀는 도통 할머니의 이야기를 들으려 하지 않았어. 다음으로 며느리가 눈에 띄었지만 며느리는 아기를 씻기고 먹이느라 바빠서 지금은 얘기할 시간이 없다고 말했지.

그래서 노파는 친구들을 찾아갔어. 하지만 친구들은 강에서 빨래를 하고 돌아오는 길에 수다를 떠느라 여념이 없었어. 노파가 하려는 이야기보다는 거리에서 누구를 봤는지, 사람들이 어떤 옷을 입었는지를 더 듣고 싶어 했지. 실망한 노파는 승려가 되기 위해 수행 중인 소년에게 갔어. 그런데 소년도 책에 열중해 있어 노파의 이야기를 듣고 싶어하지 않았어. 노파의 이야기를 들으려는 사람은 아무도 없었단다. 그래도 노파는 태양신을 숭배하는 마음이 워낙 깊어 이야기를 들어줄 사람을 계속 찾으려 했어.

마침내 노파는 꽃을 파는 가난한 젊은 여인을 만났지. 그 여인은 임신 중이었고, 꽃이 팔리지 않아서 달리 할 일이 없었기에 노파의 이야기를 듣기로 했어. 하지만 노파가 이야기를 시작하자마자 여인은 곤히 잠들어버렸어. 이미 하루가 거의 저물어가고 있던 터라 노파는 여인이 깨어날 때까지 시간을 보내며 기다리기로 했지.

기다리는 동안 노파는 갑자기 꽃 파는 여인의 불룩한 배에서 들려오는 목소리를 들었단다. 깜짝 놀란 노파는 그 소리에 귀를 기울였지. "할머니, 얘기를 듣고 싶어요. 성스러운 쌀을 엄마의 배 위에 놓고 아름다운 태양 얘기를 들려주시겠어요?" 노파는 기뻐하면서 그대로 한 뒤 행운과 행복이 늘 따르리라고 말하면서 아기를 축복했어.

집에 돌아온 노파는 낮에 자신의 이야기를 들으려 하지 않았던 이들이 모두 나쁜 일을 겪은 걸 알고 깜짝 놀랐어. 아들들은 재판에서 졌고, 손녀의 인형은 망가졌고, 며느리는 병에 걸렸고, 친구들은 모두 남편과 다투었고, 어린 승려는 스승에게 꾸지람을 들은 거야.

몇 달이 지난 뒤 꽃 파는 여인이 갓난아기를 데리고 노파를 찾아왔어.

눈에 띄게 예쁜 아기는 주변을 환히 밝히는 미소를 지니고 있었지. 아기 엄마는 딸이 태어난 후 꽃 장사가 아주 잘 되어 이제 왕궁 부근으로 이사해 꽃가게를 내기로 했다고 말했어.

그리고 몇 년 후 어느 날, 이제 아름다운 여인으로 자란 그 아기가 가게 앞에 서 있다가 지나가던 잘생긴 왕자의 눈에 띄었어. 왕자는 첫눈에 여인과 사랑에 빠졌지. 그 아기는 왕국에서 가장 사랑받는 왕비가 되어 아이들을 많이 낳았고 풍요와 행운을 백성들에게 전해주며 오래오래 살았대.

가장 좋아하는 우화와 민담을 기록하는 노트를 만들고, 그 이야기들을 아이에게 들려주세요.

열정적으로 살기에 너무 늦은 나이란 없어

아빠의 할아버지 다다지를 처음 뵈었을 때 그분이 예상 외로 왜소하셔서 적잖이 놀랐던 기억이 있어. 아빠가 할아버지에 대해 근사한 이야기를 워낙 많이 했고, 활기에 넘치는 성공한 4남 2녀의 자녀분들을 먼저 만난 탓에 나도 모르게 할아버님의 체구도 크실 거라고 생각했던 모양이야. 네 아빠와 형제들, 할아버지와 그 형제분들 모두 180센티미터 이상의 장신이니 그렇게 생각했던 게 무리도 아니었지. 다다지 할아버님은 나와 키가 비슷하셨단다. 하긴, 나이가 들면 키가 작아진다고 하는데 처음 뵈었을 때만 해도 벌써 팔순을 넘기셨으니 키가 좀 작아지셨을 수도 있겠지.

아빠는 할아버지에 관해 많은 이야기를 들려주었지. 할아버님은 1920년대에 매우 부유한 가정에서 태어나셨대. 다다지 할아버님의 아버지는 양모를 방적하는 공장을 운영했는데, 식민지 시절 인도 북서부에서 가장 성공한 실업가셨어. 마하트마 간디, 타고르, 네루 수상에게서 업적을 치하하는 서신을 받기도 했다는구나.

다다지 할아버님은 이미 열다섯 살에 자가용을 운전하셨대. 1930년대의 인도에서는 흔치 않은 일이었지. 할아버님은 책과 철학, 공부를 좋아하셨어. 여러 가지 새로운 개념들을 쉽게 받아들였고 좋아하는 일에서는 언제나 최고가 되려 하셨지. 하지만 관심이 없는 주제나 활동에 관해서는 아예 신경도 쓰지 않으셨어. 그런 면에서 네 아빠는 할아버지를 쏙 닮았지.

할아버님을 존경하는 사람들에게서 어르신에 관한 이야기를 많이 듣긴 했지만, 내가 실제로 할아버님을 뵙고 대화를 나눈 것은 결혼하고서도 3년이나 지난 뒤였어. 아빠와 내가 뭄바이로 가던 날 할아버님은 오후를 우리와 함께 보내시려고 일찍 근무를 마치셨지. 할아버님은 비록 운전은 1년 전에 그만두셨지만, 여든셋의 고령에도 아직도 사무실에 출근해서 일을 하셨어. 늙는 게 싫다고 하시며 하루도 출근을 거르지 않으셨지.

차를 주문한 뒤 할아버님은 우리 부부가 함께 공부하는 경영대학원에 대해 어떻게 생각하느냐고, 미래에 어떤 계획이 있느냐고 물으셨단다. 우리가 함께 대학원에 다니는 걸 매우 기뻐하시면서 공부하는 매 순간을 즐기라고 하셨지. 특히 경영학에 관해 수준 높은 질문을 하면서 자세히 알고 싶어하셨어. 그리고 당신이 지금껏 살아오면서 세상이 얼마나 변했는지도 말씀해주셨지.

할아버님이 어릴 때에는 전화가 없어 중요한 연락은 직접 사람이 전했고, 당시 할아버님의 고향인 루디아나에서 델리까지 오려면 지금 델리에서 뉴욕으로 가는 것만큼 시간이 걸렸대. 한 사람의 일생 동안 세상이 그토록 급속도로 변화하는 모습을 보는 건 어떤 느낌일까?

할아버님이 인터넷과 연일 오르는 증시를 어떻게 생각하느냐고 물으시고는, 곧 증시가 급락해 경제가 송두리째 흔들릴 거라고 예측하셨을 때 우리는 깜짝 놀랐단다. 할아버님은 〈이코노미스트〉의 기사와 〈타임스 오브 인디아〉의 사설을 인용하며 말씀하셨어. 또 비슷한 연배의 어르신들은 물론이고, 심지어는 훨씬 더 젊은 세대 중에서도 신기술을 이해하지도 사용하지도 못하는 사람들이 많은데, 할아버님은 이메일 계정도 갖고 계셨고 매일 웹 서핑도 하셨어. 첨단 기술을 잘 아셨고, 통신 기술이 보편화될 전망이나 DSL과 케이블 인터넷의 장단점 같은 문제에 관한 의견도 말씀하셨지. 그리곤 "10년만 젊었다면 새로운 비즈니스를 시작해볼 텐데……." 하며 안타까워하셨단다.

대화가 끝날 무렵 아빠와 나는 현대 사회의 여러 경향과 사고의 흐름에 대한 할아버님의 해박한 지식과 통찰력에 두 손을 들었지. 그리고 우리 부부도 할아버님처럼 장차 나이가 들더라도 세상이 변하는 속도에 발을 맞추고, 새로운 사고방식을 두려워하지 않겠다고 다짐했어.

이야기를 마치고 우리는 함께 할아버님 댁으로 갔어. 가보니 아빠의 할머니인 다디지 할머님께서 네 아빠가 가장 좋아하는 음식을 해놓으셨더구나. 우리가 즐겁게 식사하는 동안 다디지 할아버님과 다디지 할머님은 우리에게 장난을 치며 웃으셨고, 두 분의 로맨스를 얘기해주셨어. 두 분은 결혼 60주년을 맞아 한 해 전에 다시 결혼 서약을 하셨대. 예식이 끝난 후 할아버님은 아드님에게 어느 호텔을 예약해두었느냐고 물으시며, 여느 신혼부부처럼 호텔에서 첫날밤을 보내야겠다고 하셨단다.

흔히 사람들은 나이를 핑계로 무슨 일을 할 수 있거나 할 수 없다고 말하지. 하지만 나날이 이런 경계를 허물어 우리에게 귀감이 되는 사람들도 많아. 매 순간 우리가 무엇이든 할 수 있다고 진심으로 느낀다면 우리 삶은 얼마나 더 풍요롭고 생기가 넘치겠니? 그럴 수 있다면 우리는 사랑하는 사람들에게 영감과 안정감, 기쁨을 줄 수 있겠지. 나이가 많든 적든, 나이 때문에 이룰 수 없는 일이란 없는 거야.

약속 53

인내심의 가치

어릴 때 나는 마음에 둔 것을 얻어내지 못할까 봐 노심초사하곤 했어. 내가 가장 배우기 어려웠던 것도 바로 인내심이었지. 어느 날 내가 원하던 것을 얻어내려고 종일 안달을 했을 때 엄마가 들려주신 이야기가 있단다.

원숭이 두 마리가 숲 근처 마을을 돌아다니다가 땅콩이 든 단지 두 개를 발견했어. 땅콩은 원숭이들이 제일 좋아하는 간식이었으니 두 원숭이는 눈이 휘둥그레졌지.

한 마리는 주변이 안전한지도 살피지 않고 잽싸게 단지 쪽으로 뛰어갔어. 하지만 다른 원숭이는 더 조심성이 있어서 일단 주변을 돌아본 다음에 다가갔지. 그런데 가보니 첫 번째 원숭이가 짜증을 내며 숨을 헐떡이고 있었어. 단지에 손을 넣고 땅콩을 너무 많이 집은 탓에 주먹이 조그만 단지 주둥이로 빠져나올 수 없었던 거야. 손을 빼려고 무진 애를 쓰는 첫 번째 원숭이의 눈에는 굶주림과 욕심이 서려 있었지.

두 번째 원숭이는 친구가 땀을 뻘뻘 흘리며 애쓰는 모습을 보고 침착하게 다른 단지로 가서 엄지와 검지만으로 땅콩 하나를 꺼냈어. 그리고 단지에서 손을 쉽게 빼서 땅콩을 먹은 뒤 다시 손을 넣어 다시 땅콩 하나를 꺼냈지.

첫 번째 원숭이는 친구가 땅콩을 하나씩 먹는 모습을 보자 속이 상했어.

·

163

그럴수록 욕심은 심해졌고, 손에 쥔 땅콩을 도저히 놓을 수가 없었지. 하지만 아무리 애를 써도 손은 빠져나오지 않았어. 반면 두 번째 원숭이는 어느새 땅콩을 거의 다 먹어 무척 행복해 보였단다.

그때 멀리서 마을 아낙네들이 오는 게 보였어. 첫 번째 원숭이가 여전히 헛수고를 하는 동안 두 번째 원숭이는 친구에게 신호를 준 다음 급히 그 자리를 떴어. 이제 포기할 수밖에 없다는 걸 깨달은 첫 번째 원숭이는 결국 땅콩을 모두 단지 안에 두고 도망쳤어. 맛있는 땅콩은 단 한 개도 먹지 못한 거지.

숲으로 돌아간 첫 번째 원숭이는 우울하고 속이 상했어. 멀찍이 친구가 보였지만 땅콩을 먹지 못해 화가 난 나머지 친구 얼굴은 보고 싶지도 않았어. 그래서 다른 방향으로 뛰어가는데 친구가 따라오는 거야. 첫 번째 원숭이가 오지 말라고 말하려던 찰나, 친구가 손을 내밀어 땅콩 한 개를 주었어. 첫 번째 원숭이는 고마운 눈길로 친구를 바라보고는 맛있는 땅콩을 입에 넣었단다.

현실을 스스로 만들어가는 거야

우리가 어릴 때 아버지는 고담 삼촌과 내게 하루 동안 우리가 명심할 짧은 좌우명을 가르치시곤 했단다. 그 좌우명을 외우고 때에 따라 적절히 적용하는 일은 우리에게 무슨 놀이처럼 느껴지기도 했지. 하지만 지금 생각해보면 그건 우리가 어떤 일에서든 자신감을 가질 수 있도록 하기 위한 과정이었어. 아버지는 우리에게 정신, 도덕, 감성의 가치들을 다져주셨던 거야.

내가 가장 좋아했고, 거의 매일 외우고 실천했던 좌우명을 볼래?

내가 무엇을 보든 그것은 내 책임이다.
내가 느끼는 감정은 내가 선택한 것이다.
내가 이루고자 하는 목표는 내가 세운다.
내게 일어나는 모든 일은 내가 바라는 대로 일어나므로
그대로 받아들인다.

아버지는 우리가 하고 싶은 일을 목록으로 만들어보라고 하셨어. 예를 들면 이런 거였지. "나는 이 인형과 닌텐도 게임기를 원하고 주말에 친구들과 함께 놀고 싶습니다." 아버지의 도움을 받아 만든 목록에는 이런 것도 있었어. "나는 창의성, 풍요, 지식, 자신감, 사랑, 번영을 바랍니다." 그

밖에 우리는 숙제하기, 사회 시험에서 A 받기, 엄마에게 카드 쓰기 등과 같은 목표들을 정하곤 했단다. 여기에는 아버지가 권해주신 목표도 있었지. "남을 존중하고, 남의 말을 주의 깊게 듣고, 항상 베풀고, 배우고, 웃자."

기도문을 암송하는 것처럼 우리는 이런 소망과 목표를 매일 되뇌면서 하루를 맞는 자세를 가다듬었단다. 그랬더니 어느새 그 가치들은 우리 삶에 녹아들게 되었어.

부모님은 또 자기의 경험, 특히 자기의 감정을 스스로 만들어야 한다는 걸 늘 강조하셨어. 그 덕분에 우리는 남에게서 쓴 소리를 듣고 속상해하면 결국 그 상처에서 벗어날 수 없다는 걸 깨닫게 되었지. 아무도 정말로 우리에게 상처를 줄 수는 없는 거야. 우리 주변에서 일어나는 일은 우리의 소망이 드러난 것일 뿐이지. 좌우명을 암송하면서 우리는 이렇게 깊은 진리를 배울 수 있었어.

그리고 목표를 분명히 말할 수 있어야 그것을 이룰 수 있다는 것도 알게 됐어. 결과적으로 우린 결심한 것은 무엇이든 이룰 수 있는 잠재력이 있다는 것을 깨달았지.

좌우명을 암송하지 않은 지도 오래 되었지만, 지금도 무슨 일을 할 때면 늘 그 교훈을 생각한단다. 좌우명이나 기도문은 자신감과 정신적 능력을 길러주는 강력한 도구가 될 수 있어.

다른 사람들의 판단에서 자유로워지렴

다른 사람이 하는 말을 귀담아들을 필요는 있지만 그것 때문에 내 판단력이 흐려져서는 안 되겠지. 다음 이야기를 들어보겠니?

한 남자가 아내와 아이, 당나귀를 데리고 이웃 마을로 가고 있었어. 남자는 아들을 당나귀에 태우고 아내와 함께 걸어서 산길을 올라갔지. 그런데 길가에 모여 있던 마을 사람들이 이 가족을 보고 수군거리는 거야.

"저런 바보 같으니. 저렇게 튼튼한 나귀를 두고 아내를 걷게 해?"

남자는 길모퉁이를 돌자 즉시 아내에게 아들과 함께 나귀에 올라타라고 말했어. 잠시 후 이들은 담배를 피우며 카드놀이를 하고 있는 남자들을 만났어. 남자는 곧 이들이 비웃으며 하는 말을 들었지.

"한심한 사람이네. 마누라한테 꽉 잡혀 사는군. 남편은 걷게 하고 자기는 여왕처럼 불쌍한 나귀에 고고하게 앉아 있는 저 여자 좀 보라지."

또다시 길모퉁이를 돌자, 남자는 아내를 내리게 하고 자기가 아들과 함께 나귀에 올랐어. 그런데 이번에는 강에서 빨래를 하는 아낙들을 만났지. 이들은 남자와 아이, 나귀를 차례로 훑어보더니 그 뒤에서 터벅터벅 걷고 있는 아내를 안쓰러운 눈길로 쳐다보았어.

"저런 나쁜 남자가 있나. 아내가 아들까지 낳아주고 종일 자기를 돌봐주는데 저런 위험한 산길을 걸어 올라가게 하다니!"

가족이 산꼭대기까지 올라가자, 남자는 아내도 나귀를 타게 했어. 세 식구가 다 나귀를 탄 거지. 그런데 학교를 지나갈 때 풀밭에서 놀고 있는 아이들이 선생님에게 소리치는 거야.

"선생님, 저길 보세요! 불쌍한 나귀! 힘들어서 잘 걷지도 못해요."

선생님은 남자를 노려보더니 아이들에게 말했어.

"여러분, 살면서 지켜야 할 중요한 교훈이 있어요. 모든 동물을 사랑으로 대해야 해요. 저 어른처럼 행동해서는 안 되지요."

남자는 화가 나서 나귀에서 뛰어내렸고, 아내와 아이도 나귀에서 내려 나란히 걷게 했어. 한참 가고 있는데 어떤 사람이 다가왔어. 이번에도 무슨 말을 들을까 봐 남자는 그를 피하려고 했지만, 그러기 전에 그 사람이 먼저 물었지.

"저렇게 튼튼한 나귀를 두고 왜 모두 걸어가십니까? 아이만이라도 나귀를 타고 가면 되겠네요."

누구나 다른 사람들의 생각과 말에 신경을 많이 쓰지. 특히 어린 시절에는 더 그렇단다. 대개 청소년기에는 자의식이 지나쳐서 자칫하면 남들의 시선을 평생 부담으로 짊어지고 살기 쉽지.

어려서부터 자기 자신을 믿고 다른 사람들이 뭐라든 신경 쓰지 않는 태도를 배우면 나중에 자라서 그런 고민에 빠지지 않을 수 있어. 다른 사람들이 뭐라고 생각할까 늘 신경 쓰다보면 끝없이 고민만 하게 될 거야.

같은 상황도 여러 가지 시각으로 볼 수 있어

네 아빠는 세 살 때 처음으로 아버지와 단둘이 소풍을 떠났어. 몇 시간을 아들과 단 둘이 보내는 첫 경험이었기에 아버지에게는 특히 의미가 큰 여행이었지. 거창하게 여행이라고 말했지만 그 목적지는 동물원이었단다.

수만트 어린이는 처음 본 동물원에 마냥 신기한 표정이었어. 아버지는 풍선도 사주고, 목마도 태우고, 온갖 동물들을 구경시켜주었지. 동물들이 제각기 내는 소리, 앵무새의 아름다운 색깔, 공작새의 근사한 꼬리에 네 아빠는 입을 다물지 못했어. 코끼리를 타고 동물원 구석구석을 돌아본 건 정말 잊지 못할 경험이었지. 물론 아버지에게도 아주 특별한 시간이었고 말이야.

부자가 집에 돌아오자 어머니가 얼른 달려나왔지. 아들을 안고 뽀뽀하며 재미있었냐고 물었어. 막대사탕을 입에 문 아들은 아버지가 사준 원숭이 인형을 어머니에게 보여주었어. 그 옆에서 아버지는 아들에게 재미있고 교육적인 하루를 선사했다는 생각에 뿌듯한 마음이었지. 아버지는 아들이 오늘 하루를 어떻게 말할지 몹시 기대되었어.

"엄마한테 오늘 뭘 봤는지 다 얘기해보렴."

네 아빠는 자랑스럽게 웃으며 이렇게 대답했단다.

"돌멩이! 엄마! 돌멩이가 아주 많았어!"

네 마음의 소리를 들어봐

무엇을 먹고 무엇을 해야 할까? 어떤 생각을 하고, 어떤 환경이 필요할까? 타라, 네가 내 안에서 자랄 때 나는 온갖 정보를 찾았어. 네가 바깥세상을 구경할 때까지 제대로 자랄 수 있도록 하려는 마음이었지.

임신과 육아에 관한 책을 사 모으고, 관련 웹 사이트를 찾아보고, 매주 아기의 발달에 관한 정보를 전해주는 소식지를 신청했지. 네가 태어난 뒤 육아 관련 책에 대한 내 집착은 더욱 심해졌어. 침대 옆 탁자에는 늘 그런 종류의 책들이 수북이 쌓여 있었지. 그것도 모자라 소아과 의사인 아미타 고모와 내가 아는 가장 현명한 엄마인 지지에게 아주 사소한 일이라도 늘 전화를 걸어 내가 올바로 아이를 키우고 있는 것인지 거듭 확인했단다.

그러던 어느 날, 불현듯 내가 제법 잘하고 있으며 너도 잘 자라고 있다는 생각이 들었어. 우리는 둘 다 잘해나가고 있었고 올바른 길에 서 있었지. 그것은 거의 계시와도 같은 깨달음이었어.

나는 권위 있는 정보를 찾는 데 너무 몰입한 나머지 나 자신의 소리를 듣는 걸 잊어버리고 살았던 거야. 물론 자신감을 준 것은 정보였지만 나를 좋은 엄마로 만든 것은 나의 직관, 나 자신과 너에 대한 판단력과 사랑이었단다. 내 안의 소리에 귀를 기울일 때, 그리고 네가 소리와 몸짓으로 표현하는 메시지를 세심하게 들을 때 올바른 방법이 저절로 나타났던 거지.

엄마가 되는 법은 책이나 글 혹은 다른 사람들의 경험보다 더 깊은 곳에서 우러나오는 거야. 그 지식은 처음부터 타고난 것처럼 이미 내 안에 있었지. 이 깨달음은 내가 부모로 살아가는 인생 여정에서 큰 전환점이 되었어. 그 뒤부터 내 머릿속에 있는 온갖 육아 지식은 너와 함께 있을 때 자연히 우러나오는 사랑과 균형을 이루게 되었거든. 너를 잘 기를 수 있다는 진정한 자신감을 느낀 것은 그때부터였어.

게다가 그것을 계기로 나는 육아의 영역을 넘어 중요한 교훈을 얻었단다. 객관적인 정보와 경험적이고 직관적인 지식의 균형을 깨달은 거야. 정보와 사실은 과거에 일이 어떻게 진행되었는지를 가르쳐주고, 앞으로 실수를 피할 수 있도록 돕는 길잡이가 되어주지. 하지만 모든 일에는 표면적인 수치나 날짜, 공식, 말을 훨씬 능가하는 뭔가가 있어.

궁극적인 성공은 우리의 마음, 환경, 정신이 우리에게 하는 말에 공감하고, 우리가 믿는 사람들이 해주는 이야기에 귀를 기울이는 데서 나오는 거야. 다른 사람들이 맞거나 틀리다고 하는 말, 무엇은 효과가 있고 무엇은 없다고 하는 말들은 신경 쓸 필요가 없어. 남들의 판단과 견해에서 자유로워지면 완전히 새로운 눈으로 삶을 경험할 수 있단다.

마음이 가는 대로 중요한 결정을 내렸던 때가 있다면 그 이야기를 글로 써보세요. 결정 후에 기분이 어땠나요? 올바른 결정이었나요?

훌륭한 일을 이룰 수 있도록 도와줄게

어느 화창한 날이었어. 동물의 왕 사자가 한가로이 햇볕을 즐기며 늘어지게 낮잠을 자고 있었지. 그런데 갑자기 앞발 쪽에서 뭔가가 움직이는 느낌이 들었어. 사자가 한 발로 잡아보니 작은 생쥐가 발톱 사이에서 바동거리고 있는 거야.

사자는 입맛을 다셨고 생쥐는 무서워서 오들오들 떨었지. 사자가 생쥐를 한입에 삼키려던 찰나 생쥐가 애원했어.

"동물의 왕 사자님, 제발 살려주세요. 가족이 기다리는 집으로 서둘러 가려던 참이었어요. 저를 잡아먹지 말아주세요. 이 보잘것없는 짐승에게 자비를 베풀어주시면 언젠가 제가 꼭 도움을 드리겠다고 약속할게요."

사자는 생쥐의 말에 코웃음을 쳤지.

"너처럼 작은 녀석이 동물의 왕인 나를 어떻게 돕는다는 게냐? 꿈도 야무지구나! 그렇지만 방금 식사를 마쳐서 배가 고프지 않으니 오늘은 보내주겠다. 썩 꺼져라!"

간신히 풀려난 생쥐는 황급히 달아났지.

얼마 뒤 사자는 수풀을 어슬렁거리다가 그만 덫에 걸려 그물에 갇히게 되었어. 빠져나오려고 애를 썼지만 그럴수록 그물이 더 엉켜들었지.

덫을 놓은 사냥꾼에게는 동물의 왕인 사자를 잡는 것만큼 자랑스러운 일은 없었어. 우쭐댈 사냥꾼의 모습을 상상하고 사자는 더욱 절망에 빠졌지. 사자는 필사적으로 몸부림을 쳐봤지만 그물이 몸을 더욱 옥죌 뿐 도저히 빠져나갈 수가 없었어.

마침내 체념하고 모든 걸 포기하려 할 때 생쥐 한 마리가 쪼르르 달려오는 거야. 생쥐는 날카로운 이빨로 한 번에 한 가닥씩 그물의 실을 쏠아서 구멍을 냈어. 그 구멍이 점점 커지자 그물은 사자의 무게를 견디지 못하고 찢어졌지. 사자는 자유의 몸이 되었어.

이 이솝우화는 생쥐처럼 보잘것없는 동물이라도 큰일을 이룰 수 있다는 걸 말해주지. 누구나 자기만의 방법으로 훌륭한 일을 할 수 있어. 나는 엄마로서 네게 내면의 힘과 지혜, 그리고 무엇이든 이룰 수 있다는 자신감을 길러주고 싶단다.

뜻밖의 사람과도 아주 특별한 우정을 나눌 수 있어

열여섯 살 때 나는 도미니카 공화국에서 여름 한 철을 보낸 적이 있어. '아미고스 데 라스 아메리카스'라는 자원봉사 프로그램에 참가했거든. 이 프로그램은 청소년들이 장차 보건, 교육, 지역사회 개발에 앞장설 수 있도록 돕는 것이었어.

그런데 텍사스에서 열린 이 프로그램의 오리엔테이션 기간 내내 나는 확신을 갖지 못했어. '대체 내가 왜 지원했을까?' 어린 시절부터 이상주의자였던 나는 수업 시간에 배운 빈곤, 공중보건, 교육 같은 문제들을 이해하려면 다양한 환경에서 사는 사람들을 만나보고 그들의 문화를 실제로 체험해봐야 한다고 생각했어.

하지만 텍사스에서 만난 아이들은 마음가짐이 달랐어. 세계가 당면한 여러 문제들을 고민하기보다는 파티를 하고 이성과 교제하는 분위기였지. 소심하고 내성적이고 진지한 인도 소녀였던 나는 그런 분위기가 어색해서 다른 사람들과 잘 어울리지 못했고, 혼자 방에서 책 읽는 걸 더 편하게 느꼈단다.

그래서 그때 만난 사람들은 거의 다 잊었지만, 한 여자 아이는 뚜렷이 기억에 남아 있어. 리사라는 친구였는데, 180센티미터 정도의 큰 키에 목소리도 컸고 좀 무서운 인상이었어. 파티를 주동하는 아이들 중에서도 우두머리였지.

오리엔테이션이 끝나고 조 편성이 발표되자 나는 크게 실망했어. 제발 한 조가 되지 않기를 빌었던 리사와 같은 조가 된 거야. 우리는 로스 구안테스라는 작은 마을에 배치되었지. 너무나 심란한 나머지 난 집으로 돌아갈까 생각도 했어. 도무지 리사와 저 오지에서 8주 동안을 함께 지낼 수 있을 것 같지가 않았거든.

산토도밍고에서 한 시간가량 떨어진 그 마을은 차도 들어갈 수 없는 오지였단다. 낡아빠진 다리로 강을 건널 때는 차라리 물속을 헤엄쳐 건너는 게 더 안전하지 않을까 하는 생각이 들 정도였지.

그나마 다행히 리사와 나는 숙소로 다른 집을 배정받았어. 마을의 집들은 모두 지붕을 아무렇게나 이은 양철 오두막이었는데, 내가 머물게 된 집엔 어린 딸 셋을 둔 젊은 부부가 살고 있었지. 아이들의 이름은 페레이라, 렐레일라, 바네사였단다. 집에는 부엌이 따로 없어 집 밖에 만들어놓은 화덕에 땔감을 넣어서 요리를 해야 했어. 목욕은 강에서 했고, 용변을 보려면 들판으로 가야 했지. 그래서 우린 우선 마을에 임시 화장실부터 지어야 했단다.

그래도 나는 하루 만에 로스 구안테스의 생활에 적응했어. 함께 지낸 가족은 정말 착하고 아름다운 분들이었고, 아이들도 예쁘고 귀여웠지. 첫날 새벽에 나는 세 아이들과 닭, 염소, 개들에 둘러싸여 잠에서 깼어. 그리곤 아이들의 엄마를 도와 콩, 쌀, 바나나와 비슷한 플렌틴으로 식사를 준비했지. 그 집에 머무는 두 달 동안 매일 같은 메뉴였어.

하루 일과 중에는 '시에스타'라는 낮잠 시간이 있었고, 저녁에는 이야기하고, 노래 부르고 춤을 추었지. 소박하면서도 느긋한 생활이었어. 그렇게 사니까 내가 겪었던 스트레스라든지 고민하던 것들이 갑자기 먼 일처럼 느껴지더구나.

리사와 대화하게 된 것은 한참 후의 일이었어. 임시 화장실을 함께 설치하면서 우리는 점점 더 많은 이야기를 나누게 되었지. 얘기를 해보니 리사는 나와 전혀 다르게 살아온 아이였어. 네브래스카에 있는 트레일러파크에서 자랐고, 아버지가 알코올 중독자였대. 게다가 자기도 마약과 술을 하다가 경찰과 여러 차례 마찰을 겪었다고 했지. 이 프로그램에 참여한 것도 불량한 조카를 참다못한 고모가 등을 떠밀다시피 해서 온 거였어. 리사 고모는 리사가 이런 환경에서 지낸다면 좋은 영향을 받지 않을까 하고 기대하신 거야.

리사와 나는 점점 대화하는 시간이 길어졌어. 리사도 처음에는 말이 없고 너무 진지해 보이는 나와 한 조가 되었을 때 실망스러웠다고 고백하더구나. 이렇게 큰 차이가 있었지만 우리는 대화를 통해서 서로 친해질 수 있다는 걸 깨달았고, 상대방의 전혀 다른 삶에서 배울 게 많다는 걸 느꼈어.

어느 더운 날 오후, 리사와 나는 다른 마을로 시멘트를 운반하는 일을 맡았어. 시멘트 세 부대를 말 한 마리에 실어나르는 일이었지. 그런데 시멘트 부대를 말 등에 묶으려 하니 자꾸 미끄러져 떨어지는 거야. 그래서 우리는 둘 다 말에 탄 다음에 시멘트를 무릎 위에 올려놓고 가기로 했지.

말 등에서 이리저리 자리를 잡다 보니 마침내는 서로 마주보고 앉게 되었어. 그 모습이 너무 우스워서 우리는 눈물이 나도록 웃었단다. 공통점이라고는 거의 없는 두 소녀가 강 건너편의 작은 마을에 임시 화장실을 짓는 데 필요한 시멘트를 말에 싣고 가려 애를 쓰는 모습을 상상해보렴. 내 인생에서 가장 따스하고, 기억에 남는 중요한 순간이었어. 그때 나는 알았지. 내가 로스 구안테스에 온 이유는 이 기적적인 우정을 발견하기 위해서였다는 걸.

너의 천진함으로 좋은 일이 오리라는 걸 알아

네 외삼촌 고담은 한 뉴스 방송국의 종군 기자로 근무했어. 5년 이상 아프가니스탄, 체첸, 콜롬비아, 스리랑카, 파키스탄, 중국을 비롯한 세계의 여러 분쟁 지역을 돌아다녔지. 그런 곳에 다녀올 때마다 외삼촌이 들려주는 가장 가슴 아픈 이야기는 언제나 아이들이 겪는 고통이었어.

아이들은 천진하고 호기심과 장난기가 많아 어디서나 즐겁게 지내지만 폭력과 증오, 혼란으로 가득한 전쟁 상황에서 가장 큰 영향을 받는 것도 역시 아이들이란다. 마음속으로 이게 정상이 아니라는 걸 아이들도 알거든.

외삼촌이 체첸 내전에 파견되었을 때야. 외삼촌은 전날 밤에 폭격을 당한 건물 바깥에서 취재를 하고 있었지. 그때 열 살쯤 된 소녀가 낡은 책들을 팔에 한 아름 안고 걸어가다가 책 한 권을 떨어뜨렸대. 책을 주워 소녀에게 돌려주던 외삼촌은 그 결연한 표정을 보고 적잖이 놀랐지.

"어디 가는 길이니?"

거리가 위험해서 나다니는 아이들이 거의 없으니 이상한 일이잖아. 그래서 외삼촌이 물었대.

"학교요."

소녀가 대답했지만 문을 여는 학교는 주변에 없었어. 위험한 전시 상황에서 부모들은 보통 아이를 학교에 보내지 않고 집에서 가르치거나 몇 명씩 모아 공부를 시켰지. 전쟁으로 폐허가 된 곳에서 소중한 아이들을 학교 같은 곳에 모으는 것은 위험천만한 일이었거든.

외삼촌은 총총 달려가는 소녀를 따라가 보기로 했어. 소녀의 표정에는 분명히 사연이 있을 것 같았거든. 소녀는 10분쯤 걷더니 버려진 공원으로 들어가 오래된 나무 밑에 앉았대. 그리곤 책을 펴고 종이와 연필을 꺼낸 뒤 공부를 하기 시작했지.

외삼촌은 소녀에게 다가가 누가 오기로 했느냐고 물었어.

"여기가 네가 말하던 학교니? 선생님은 어디 있니? 뭘 공부하고 있니?"

소녀 곁에 쪼그리고 앉아서 보니 소녀가 갖고 온 책들은 교과서만이 아니라 소설, 그림책, 잡지 등 다양했어.

"여기가 우리 학교예요. 아직 정식으로 문을 열지는 않았고, 선생님도 못 찾았어요. 하지만 곧 문도 열고 선생님도 오실 거예요. 전 학교가 문을 열 때까지 여기서 기다릴 거예요. 미리 준비해두는 거지요."

소녀는 자랑스럽게 책을 보여줬고 공책에 쓴 글씨, 폐허가 된 놀이터, 자신을 보호해주는 오래된 나무를 손으로 가리켰대.

그 순간 외삼촌은 잠시나마 소녀의 아름다운 학교와 즐거운 놀이터, 나무 위에 지은 아이들의 오두막을 상상할 수 있었다는구나. 외삼촌은 웃고 떠드는 아이들과 자상한 선생님들이 소녀 곁에 서 있는 풍경을 머릿속에 그려보았대.

당신의 삶에서 소중한 교훈을 주었던 사건을 생각해보세요. 이 교훈을 아이와 나누겠다고 약속해보세요.

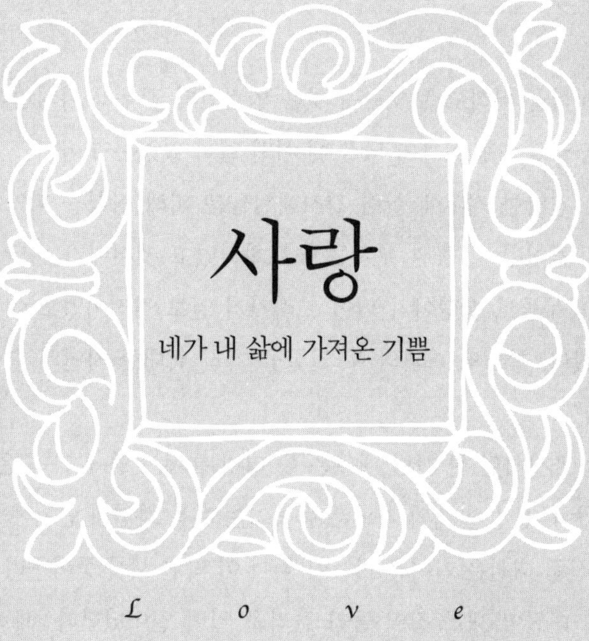

사랑
네가 내 삶에 가져온 기쁨
Love

너를 온몸으로 보호할 거야

부모가 자식을 아끼고 보호하는 것은 인간만의 경우가 아니란다. 옐로스 톤 국립공원에 대형 화재가 났을 때 어떤 일이 있었는지 아니?

화재를 진압한 직후에 산림 감시대원들은 피해 상황을 파악하기 위해 공원으로 들어갔어. 공원 부지는 초토화되었고 잿더미가 바닥을 뒤덮고 있었지. 나무들도 숯덩이가 되어 쓰러지기 일보 직전이었고 여전히 연기가 자욱했어. 창조와 파괴의 두 얼굴을 가진 위대한 자연의 힘이 피부로 느껴졌지.

현장을 조사하던 한 산림 대원은 돌 더미 틈에서 불에 타 죽은 새 한 마리를 보았어. 불쌍한 새의 가냘픈 몸뚱이는 온통 화염과 연기에 그을린 상태였지. 산림 대원은 가여운 마음이 들어 이 딱한 새를 묻어주려 했어.

그런데 대원이 새를 집어 들자 놀라운 일이 일어났단다. 세 마리 아기 새가 날개 밑에서 폴짝거리며 뛰어나오는 거야! 아기 새들은 화마로 주변이 폐허가 된 줄도 모르는 채 서로 부리로 쪼면서 장난을 쳤고, 작은 소리로 지저귀며 춤을 추었어.

어미 새는 불길이 번지자 본능적으로 생명의 위협을 느끼고, 새끼들을 안전한 곳으로 데려가서 자기 날개로 덮어 보호했던 거지. 뜨거운 불길이 주변을 모조리 집어삼키는 와중에도 어미 새는 고통을 참으면서 그 자리에서 한 발짝도 움직이지 않았어. 불길이 미치지 않는 곳으로 훌쩍 날아가 버릴 수도 있었을 텐데. 자기 자식들을 보호하는 것보다 더 큰 희생이란 없었던 거야.

저가 너를 그 깃으로 덮으시리니 네가 그 날개 아래 피하리로다.

_시편 91:4

'내가 엄마가 되었구나!' 하고 처음 깨달았던 순간

타라, 처음으로 너를 찬찬히 살펴보았던 그때를 결코 잊을 수가 없어. 물론 너를 낳은 직후에 한번 보기는 했지만, 그때는 잠시 안아본 게 고작이고 곧 의사들이 검사를 하려고 너를 데려갔지.

너를 낳은 날, 몇 시간 뒤에 또 너를 안아볼 수 있었어. 하지만 나는 제왕절개 수술로 힘들었고, 분만 과정을 지켜보던 가족과 의료진 때문에 몹시 지쳐 있었어. 솔직히 말하자면 그땐 피곤하고 아프고 경황이 없어 뭔가 느낄 여유조차 없었지. 그토록 계획하고 기대한 일이었지만 우리 삶에 아기가 생긴다는 게 어떤 의미인지 그때는 진정으로 이해하지 못했단다.

눈앞의 이 작은 기적을 실제로 음미하고 느낄 수 있었던 것은 하루가 지난 다음이었어. 네 작은 몸은 구석구석 너무도 경이로웠지. 나는 네 앙증맞은 발가락과 가느다란 손가락을 세어보았어. 너무도 부드럽고 순수한 피부를 만져보았어. 조그만 코와 장밋빛 입술을 손가락 끝으로 따라가보았어.

네 검은 눈동자를 들여다보니 마치 영혼까지 보이는 듯했지. 이 조그만 존재가 온통 나를 신기하게 쳐다보고 있었어. 나는 울다가 웃다가를 반복했단다. 표현할 수 없는 감동과 무한한 사랑이 파도처럼 밀려왔지. 내 아기구나. 내 딸이구나. 내 인생에서 가장 소중하고 기적적인 선물이구나!

나는 이제 이 천진하고 연약하고 조그만 '진짜 인간'의 엄마가 된 거야.
눈에서는 눈물이 계속 샘솟았고 잔잔한 기쁨으로 가슴이 뛰었지.

나는 내 작은 딸을 하염없이 바라보고 꼭 끌어안았어. 그리고 너의 냄새
를 맡고, 부드러운 살갗을 만져보고, 살짝 입을 맞추었지.

아기를 처음 보았던 순간의 추억을 글로 써보고 그 기억을 아이와 나누어
보세요.

엄마가 되는 길을 밝히는 등불

타라, 너를 가졌다는 사실을 처음 알았을 때 나는 뛸 듯이 기뻤어. 나는 언제나 아이들을 좋아했단다. 아이들은 순진하고 명랑하고 솔직하고 쾌활하니까. 네 아빠와 나는 결혼하고 5년이나 기다린 뒤에야 너를 가졌는데, 그걸 아는 순간 엄마가 되는 것이야말로 내가 세상에서 가장 원하던 일이라는 걸 깨달았지.

실은 그렇게 생각한 거라고 해야겠다. 임신한 사실을 안 바로 그날 밤부터 내게는 두려움과 기대감이 엇갈렸어. 별안간 내 삶의 모든 것이 불안해진 거야. 인간관계는 어떻게 될까? 아이를 가질 만큼 내가 성숙하고 능력이 있을까? 내가 정말 엄마가 될 준비를 갖춘 걸까? 부모가 된다는 게 무슨 의미인지 알기나 하는 걸까? 혼란과 혼돈으로 가득 찬 이 세상에서 아이를 키우는 책임과 부담을 과연 내가 감당할 수 있을까?

너를 낳을 때까지 나는 내내 이런 의구심을 버릴 수 없었어. 때로는 초조한 마음을 드러내는 게 두려워서 네 아빠에게도 솔직히 털어놓지 못했지. 그렇게 오랫동안 아이를 원한 건 바로 나였는데……. 출산 예정일이 가까워오자 흥분감과 함께 두려움은 점점 더 커졌어. 우리의 삶이 상상할 수도 없이 크게 바뀌리라는 생각에 나는 그 변화를 감당할 수 있게 해달라고 기도했단다.

물론 네가 태어나자 내가 평생 누려온 기쁨과 열정과 사랑이 한 순간에 샘솟았지. 너를 볼 때마다 내가 바라던 것이 바로 너였구나 하는 생각이 들었어. 너를 품에 안고서는 비로소 안도감을 느낄 수 있었고.

하지만 곧 다시 두려움에 시달렸어. 처음에는 이제 병원을 나서면 아기를 돌봐줄 간호사들이 없는 집으로 돌아가야 한다는 게 두려웠지. 그 다음에는 3개월 동안 너와 나를 돌봐주던 엄마가 집으로 돌아가실 때가 되자 다시 두려움이 찾아왔어. 그 두려움은 네가 벌써 두 돌이 지나고, 내가 또 둘째를 가진 지금까지도 계속되고 있어. 과연 나는 두 아이를 감당할 수 있을까?

사실 이런 불안감은 생각할 여유가 있고 이성적으로 앞날의 모든 가능성을 그려볼 때 생겨나는 거야. 내가 모든 잡념에서 벗어나 그저 너와 함께 있는 걸 즐길 때는 진실이 드러나게 마련이지.

난 너를 안고 너에게 입을 맞춰. 함께 이야기하고 책을 읽고, 꼭 끌어안고 잠이 들지. 너와 이런 조용하고 기적 같은 순간을 나눌 때마다 나는 너에 대한 사랑이 의구심으로 가득 찬 순간들을 헤쳐 나가는 데 힘이 되리라는 걸 깨닫는단다.

사랑은 온갖 이성과 불합리를 모두 무색하게 하지. 사랑을 통해 난 자유롭고 안정감을 느끼며 내가 늘 꿈꿔온 엄마가 되는 세계로 갈 수 있어.

너의 행복은 내 가슴을 무한한 기쁨으로 뛰게 해

타라 너는 태어난 지 6개월이 지나면서부터 회전목마 타는 걸 무척 좋아했어. 그 덕분에 네 외할머니, 외할아버지와 친해지기 시작했지. 그분들이 자주 너를 데리고 회전목마를 타러 갔거든. 너는 자라면서 특별히 어떤 목마를 타고 싶다고 구체적으로 말했고, 목마를 탈 때 늘 누가 곁에 있기를 바랐어. 그리고 음악에 따라 몸을 들썩였고, 보는 사람들에게 손을 흔들며 깜빡이는 불빛을 바라보곤 했지.

네가 두 살이 되었을 때 네 아빠와 나는 일요 장터에 가서 너를 진짜 말에 태워주기로 했어. 장터에는 조랑말이 여섯 마리 정도 있었는데, 어린 아이들에게 무척 인기가 많았지. 조랑말을 타고 담장이 둘러진 작은 마당을 열 바퀴 도는 거였어. 순서를 기다리는 동안 우린 네가 말을 탈 때 무서워하지 않도록 곁에서 손을 잡아주기로 했단다.

그런데 우리 차례가 되자 직원은 그렇게 하면 안 된다고 말했어. 아이가 말을 혼자서 타야 한다는 거지. 우리는 너를 혼자 보내기 불안해서 서로 마주보았어. 하지만 너는 이미 너무 흥분해 있어서 이제 와서 되돌릴 수도 없었지.

아빠가 네 손을 담당 여직원에게 쥐어주자 네 눈에는 잠시 당황하는 빛이 스치더구나. 하지만 직원이 곧 어떤 말을 타겠느냐고 물으면서 네 주의를 다른 데로 돌렸지. 네가 갈색 말을 가리키자 직원은 그 말의 이름이 '챔피언'이라고 했어.

직원은 너를 말에 태운 다음 무릎에 안전벨트를 채우기 위해 네게 팔을 위로 올리라고 했어. 물론 그 말대로 너는 손을 번쩍 들었지. 그런데 직원이 안전벨트를 채우고 출발한 지 한참이 지났는데도 너는 계속 손을 올리고 있는 거야. 아빠와 나는 즉시 발돋움을 해서 네게 이제 손을 내리고 안장을 꼭 잡으라고 외쳤단다. 그리고는 우리가 아이를 얼마나 과보호하는지 깨닫고 마주보며 깔깔 웃었지.

너는 챔피언을 보고 웃으며 말을 쓰다듬어 주었어. 우리는 낮은 울타리 바깥에 서서 네게 손을 흔들었지. 네 미소에 우리는 가슴이 벅차올랐어. 너무 행복하고 만족스러운 넌 마냥 밝은 표정이었지.

말이 원을 그리며 걷기 시작하자 너는 턱을 치켜들고 정면을 똑바로 바라보았어. 우리가 네 이름을 부르면 너는 웃으며 손을 흔들었어. 한두 바퀴를 돌자 자신감이 생기는지 너는 한 손으로 안장을 잡고 다른 손으로는 챔피언의 갈기를 쓰다듬었어. 그리곤 주위를 돌아보다가 나를 보고 말했지.

"엄마, 내 말이 좋아요. 챔피언이 좋아요."

아빠에게도 한마디 잊지 않았지.

"아빠, 사랑해요!"

그 순간 난 진정한 희열을 느낄 수 있었단다. 옆을 바라보니 아빠도 나처럼 넋을 잃은 듯했지. 아빠는 세상에서 가장 아름다운 사랑의 표정을 그득 담고 네게 손으로 키스를 보내며 말했어.

"아빠도 우리 아기를 사랑해. 아빠는 타라가 아주 자랑스러워."

말 타기가 끝났을 때 너와 아빠, 나 중에서 누가 제일 싱글벙글했는지는 잘 모르겠다.

아이들에게는 예기치 않은 순간에 부모의 마음속에 무한한 사랑과 환희를 쏟아 붓는 힘이 있단다. 바로 이런 순간에 우리는 사랑의 힘으로 마술과 기적, 신성함에 눈 뜨게 되는 게 아닐까.

크나큰 기쁨과 환희를 느꼈던 때를 아이와 함께 떠올려보세요.

아무리 힘들어도 널 사랑할 거야

타라와 릴라, 너희를 낳고부터 끝없는 사랑은 늘 내 가슴에서 샘솟아. 전에는 한번도 경험해보지 못했던 사랑, 아무런 선입견도 없이 순진하고 순수하게 다가오는 사랑, 내 아이들을 위해서라면 무엇이든 기꺼이 희생하겠다는 사랑이지. 그런데 이 사랑이 너무도 강렬한 탓에 나는 오히려 어느 때보다도 연약해진 느낌이 들 정도란다.

나는 아이가 아픈데도 그 아픔을 덜어줄 수 없는 부모의 심정을 생각해. 이제 부모가 되고 보니 전과는 달리 자식을 보호하고 싶은 부모의 애타는 심정을 헤아릴 수 있게 되었지. 내 삶의 다른 사람들을 대할 때는 나 자신을 보호하기 위해 주위에 벽을 두를 수도 있지만 너희들에 대한 사랑에는 벽도, 경계선도 없어.

타라의 첫돌이 되기 며칠 전에 내 사촌 리시가 발작을 일으켜 입원했다는 이모님의 전화를 받았어. 리시가 그날 밤 각종 검사를 받는 동안 보스턴에 사는 친척들은 모두 병원에 모여 검사 결과를 기다렸지. 의사이신 아버지는 리시의 증상과 검사의 이름만 듣고도 느낌이 좋지 않다고 판단하시고, 여행 중이셨지만 즉각 보스턴 행 비행기를 예약하셨어. 그때 나는 난생 처음으로 진정한 두려움을 느낄 수 있었지.

MRI 촬영 결과 리시는 이미 왼쪽 뇌의 70%에 종양이 번져 있었어. 결국 심각한 뇌종양의 일종인 뇌 림프종 진단을 받았지. 불과 2주일 전에 스무 번째 생일을 맞은 리시는 갓 성인이 된 사람이라면 누구나 겪는 여러 가지 일로 분주한 나날을 보내던 대학교 3학년생이었단다. 리시는 그 다음 해 화학치료와 방사선 치료를 받기 시작하면서 시력과 청력도 잃게 됐어.

우리는 모두 리시의 병을 받아들이느라 큰 어려움을 겪었어. 특히 나는 리시의 고통을 지켜보는 이모님 내외분의 고뇌를 결코 잊을 수가 없을 것 같아. 두 분은 그 호된 시련 속에서 내내 리시의 곁을 지키고 계시지. 그동안 발병과 회복의 악순환, 의사나 보험회사와의 갈등, 힘겨운 투약 등 모든 과정도 묵묵히 견뎌내셨어.

리시가 학교를 그만두고 집으로 들어와야 했을 때 이모님 내외는 아들이 그 변화를 어색하게 느끼지 않도록 배려하셨고, 리시에게 필요한 모든 일을 해주기 위해 당신들의 삶을 바꾸셨어. 그리고 리시가 병상에서 지금까지 일어난 일들을 찬찬히 돌아보고 상념에 잠기는 고통스러운 순간에는 아들의 손을 잡아주고 대화를 나누며 위로하셨지.

아들의 병구완이 고되다거나 왜 우리에게 이런 일이 생겨야 하느냐는 불평 따위는 전혀 없었어. 그저 모든 수단과 방법을 동원해 아들을 보살피는 데 열심이셨지. 하지만 자식이 아파하는 모습을 보면서도 그 아픔을 덜어줄 수 없었던 두 분은 말없이 깊은 고통을 느끼셨어.

우리는 모두 리시가 아직 어리다고 생각했지만 그 고통 속에서 누구보다 강하고 굳세게 버틴 사람은 바로 리시 자신이었었단다. 리시는 매일 심해지는 고통을 극복하고 치유에만 정신을 집중했어. 병에 대해서는 아무런 불평도 하지 않았지. 거의 앞을 볼 수도, 들을 수도 없는 리시는 지금도 새로운 방식으로 의사소통하려 애쓰고, 낫기 위해 어떻게 해야 하는지에만 정신을 집중하고 있어. 리시는 우리 모두에게 삶이 얼마나 소중한지, 가족의 정이 무엇인지, 우리 앞에 어떤 기회가 있는지를 가르쳐주었고 믿음과 신념, 흔들리지 않는 진정한 사랑이 무엇인지 일깨워주었지.

리시가 아팠을 때는 내 인생에서도 중요한 시점이었단다. 엄마가 된다는 게 어떤 느낌인지 차츰 알아가던 때였거든. 이제 나는 자식에게 헌신하는 부모의 마음을 이해할 수 있기에 리시뿐만 아니라 이모님 내외 때문에도 너무나 가슴이 아프단다. 리시의 병은 자식에게 느끼는 강렬한 사랑과 그 사랑이 부모를 얼마나 약하게 만들 수 있는지를 알게 했어. 그 때문에 새삼 두려울 수밖에 없는 거야.

하지만 리시는 자식에 대한 맹목적인 사랑만큼 보람 있는 일도 없다는 사실 역시 가르쳐주었어. 이것은 인간의 영혼에 감동을 주고, 삶을 풍요와 활력으로 채워주는 사랑이지. 그런 사랑을 받는 우리 아이들은 힘센 영웅과 천사가 되어 우리 생에서 가장 귀중한 순간을 가르쳐줄 거야.

네가 일깨워 준 내 안의 온유함

타라 네가 태어난 후 처음 며칠 동안 모유 수유는 내게 정말 힘든 일이었어. 네가 젖을 제대로 물지 못해서 나는 지치고, 짜증도 나고, 좌절도 했지. 그래도 아빠는 조급하게 생각하지 말고 계속 시도해보라고 따뜻하게 격려해주었어.

어느 날 밤, 네게 젖을 물리고 자세가 제대로 잡힐 때까지 하루 종일 끈질기게 시도했더니 네가 드디어 제대로 젖을 먹기 시작하더구나. 그때까지 그토록 고생했지만 네가 젖을 먹자 자연과 인간의 몸이 얼마나 경이로운지를 새삼 감탄하지 않을 수 없었지. 네가 젖을 먹을 때 나는 편한 자세로 네 부드러운 머리카락을 조용히 쓰다듬으며, 평화롭고 천진하고 아름다운 네 얼굴을 바라보았어.

젖을 다 먹은 뒤 너는 천천히 입을 뗐어. 살며시 눈을 감는 모습이 배가 불러 잠이 드는 기색이야. 너는 얼굴을 내 몸에 붙이고 머리를 이리저리 돌리고는 몇 차례 몸을 뒤척이다가 바로 내 가슴 위에 자리를 잡았어. 그런 다음에 내 심장 박동 소리를 들으며 곤히 잠들었지. 네 분홍색 입술은 아직도 젖 먹는 시늉을 하며 옴찔댔고, 조그만 손은 내 가슴 위에 놓여 있었지. 너는 내 심장이 뛰는 소리와 부드러운 숨결을 듣고 내 피부의 감촉과 몸의 온기를 느끼며 안락하고 평화롭게 잠을 잤어. 바로 그 순간 나는 완전한 신뢰가 무엇인지, 평화와 사랑이 무엇인지 깨달았단다.

움직이면 너를 깨울까 싶어 나는 아빠에게 조용히 손짓을 했지. 우리 둘은 함께 조그맣고 예쁜 우리 딸을 바라보았어. 이렇게 순하고 아름다운 아이가 어디 있을까?

부모인 우리는 네가 우리를 완전히 신뢰한다는 것을 느끼고 있어. 우리는 그 순수하고 신성한 감정을 저버리지 않을 거야. 그런 신뢰를 바탕으로 너는 안정감과 자신감을 가질 테고 장차 인간관계를 튼튼하게 이끌 테니까 말이야.

사랑의 치유력

몇 년 전 뉴욕 시와 전 세계 언론의 헤드라인을 장식했던 스칼렛이라는 고양이가 있었어. 집 없는 떠돌이 고양이였는데, 뉴욕의 브루클린에 있는 버려진 창고에서 갓 태어난 새끼 다섯 마리와 함께 살았지.

3월의 어느 추운 날 아침, 스칼렛은 창고 안에서 연기 냄새를 맡았어. 본능적으로 위험을 느낀 스칼렛은 급속히 번지는 불길 속에서 새끼들을 한 마리씩 피신시키기 시작했지. 시간이 갈수록 불길은 점점 더 거세졌지만 스칼렛은 주저 없이 다음 새끼를 구출하러 건물 안으로 뛰어들어갔어. 한 용감한 소방관이 스칼렛을 발견하고 구조해서 동물보호소에 데려다주기까지, 스칼렛은 새끼 고양이들을 한 마리씩 길 건너편으로 옮겼단다.

스칼렛의 눈은 물집으로 뒤덮여 뜰 수 없었고 몸은 온통 그을려 있었지. 이렇게 제대로 서지도 못하고 숨도 쉴 수 없는 상태인데도 스칼렛은 연신 새끼들을 보듬고 핥아주었어. 새끼들도 어미 곁을 떠나지 않으면서 어미를 핥아주고 온기와 사랑을 주었지. 그것이 치유에 도움이 되었던 것 같아. 그 끔찍한 사고 후 석 달이 지나자 스칼렛과 새끼 고양이들은 순조로운 회복세를 보였거든. 스칼렛은 아무리 어려운 상황이라도 사랑의 힘으로 극복할 수 있다는 것을 보여주었어. 사랑은 고통을 견디는 힘을 주고 아무리 큰 상처라도 치유할 수 있단다.

사랑은 평생 기억되는 거야

네 아빠 외할머니의 아버지께서는 쉰 살이 되었을 때 자신의 영성을 찾아 히말라야로 들어가셨단다. 힌두교 전통에서 남자의 인생에 이런 일은 자연스러운 단계로 여겨지지. 그분에게는 열두 살에서 스물다섯 살에 이르는 자녀가 여덟이나 있었어.

아빠의 외할머니는 자녀들 중에서 맏이였고 당시 유일하게 결혼한 분이셨지. 그래서 아빠가 바라 파파라고 부르는 외할아버지께서 아내의 형제자매들을 위해 가부장의 역할을 맡으셨대. 처남과 처제들의 교육비를 대고, 혼사를 돌보고, 첫 직장까지 알선해주셨지. 게다가 말과 행동으로 인생의 길잡이가 되어 주셨어. 그래서 가족들은 외할아버지를 늘 고마워하고 존경했지.

8남매 중 막내였던 쿠쿠 아저씨는 바라 파파 할아버지의 자녀들과 연배가 비슷했어. 그래서 바라 파파 할아버지는 쿠쿠 아저씨에게 단순한 매형이 아니라 아버지와 같은 존재였지.

쿠쿠 아저씨가 무엇보다도 좋아했던 것은 수영이었어. 그래서 할아버지는 매주 여러 차례 아저씨를 오토바이 뒷좌석에 태워 델리의 교통체증을 뚫고 도시 반대편에 있던 수영장으로 데려가셨대. 거기서 아저씨는 수영 강습을 받았어. 할아버지는 수영장을 누비며 경주하는 쿠쿠 아저씨를 무척 자랑스러워했고, 아저씨가 출전하는 대회마다 빠짐없이 곁에 계셨어. 이윽고 트로피를 타기 시작한 쿠쿠 아저씨는 모든 상을 인생의 길잡이이자 동반자로서 격려해준 바라 파파 할아버지께 드렸단다.

그 뒤 쿠쿠 아저씨는 의대에 진학해서 자기 가족과 함께 미국으로 이주했어. 세월이 흘러 은퇴한 뒤에는 가장 좋아하던 취미인 수영을 다시 하기로 마음먹었지. 노인 수영 경기에 참여했는데 다행히도 실력을 쉽게 되찾아 각종 경기에서 다시 상을 받았어. 경기를 시작하기 전에는 언제나 어린 시절 후원해주신 바라 파파 할아버지께 감사의 기도를 드렸지.

그런데 쿠쿠 아저씨가 다시 수영을 시작한 지 얼마 안 되어 바라 파파 할아버지가 위독해지셨어. 아무래도 돌아가실 것 같았지. 쿠쿠 아저씨는 인도로 가서 임종을 지켜야겠다고 결심했어. 평생 아버지로 생각해온 분에게 마지막 작별인사를 드리러 가는 뜻 깊은 여행을 준비한 거야.

그때 쿠쿠 아저씨는 짐을 꾸리면서 무엇보다도 노인 수영 대회에서 받은 트로피들을 챙겼단다. 평생 사랑과 열정을 불어넣어준 분에게 이제 새로 탄 트로피들을 한 아름 안겨드릴 때가 온 거야.

'신성의 이끎'을 믿으렴

세상에서 가장 아름다운 소녀인 프시케는 사랑의 신 에로스의 아내가 되었지만 남편의 정체를 몰랐어. 에로스를 밤에만 만날 수 있었고, 남편의 모습을 보지 않겠다는 약속을 했거든. 에로스는 그렇게 하지 않으면 헤어져야 한다고 말했어.

하지만 어느 날 밤, 프시케는 사랑하는 이의 얼굴을 보고 싶은 유혹을 참지 못하고 그만 에로스가 잠든 틈을 타서 불빛에 얼굴을 비추었어. 그런데 프시케가 들고 있던 초에서 흘러내린 촛농이 에로스의 어깨로 떨어져 그는 잠에서 깨고 말았지. 프시케가 약속을 어겼다는 것을 알게 된 에로스는 결국 사랑하는 아내를 떠나야만 했어. 신이 인간과 결혼하는 것은 신의 계율에 어긋나는 일이었거든.

프시케는 뒤늦게 후회하면서 평생 동안 남편을 찾으리라고 결심했어. 그리곤 에로스가 자기 어머니인 미의 여신 아프로디테의 집에 있을 거라 생각하고 그곳을 찾아갔지. 물론 두려운 마음이 컸어. 아프로디테는 프시케를 미워했거든. 한낱 인간인 프시케가 여신인 자기보다 더 아름답다는 말이 지상에서 들려왔고, 프시케 때문에 숭배자들을 많이 잃어 여신은 잔뜩 화가 나 있었어.

하지만 프시케는 사랑을 되찾기 위해 어떤 어려움도 마다하지 않을 작정이었어. 그래서 아프로디테에게 남편을 다시 만날 수 있게 해달라고 간청했지. 심지어 남편을 다시 만날 수만 있다면 평생 아프로디테의 종으로 살겠노라 말하기까지 했어.

아프로디테는 질투심에 불타 까다로운 과제를 주었지. 에로스에 대한 사랑을 증명하려면 세 가지 임무를 수행해야 한다는 거야. 첫 번째 과제는 밀과 잡곡, 양귀비 등 작은 씨앗으로 가득 찬 바구니를 주면서 해가 지기 전에 모두 분류하는 일이었어. 거의 불가능한 임무였지만 프시케는 그래도 일을 시작했지.

그런데 열심히 씨앗을 한 알 한 알 골라내고 있는 프시케를 보고 개미들이 딱하게 여긴 모양이야. 개미들은 즉각 바구니 안으로 들어가 씨앗들을 종류별로 나란히 쌓았지. 그날 밤 돌아온 아프로디테는 프시케가 훌륭하게 과제를 완수해 낸 걸 보고 자기 눈을 믿을 수가 없었어.

다음 날, 아프로디테는 두 번째 과제로 프시케에게 위험한 일을 맡겼어. 초원에는 황금빛 털이 아름답지만 성질이 몹시 사나운 양들이 있었는데, 그 양들의 털을 모아오는 일이었단다. 이 양떼는 가까이 다가오는 자는 무조건 공격했지.

프시케는 양떼가 풀을 뜯는 초원으로 가면서 두려움에 몸을 떨었어. 하지만 설령 양떼에게 목숨을 잃게 되더라도 임무를 완수하겠다고 다짐했지. 바로 그때, 갈대 하나가 프시케를 불렀어. 해질녘까지 기다리면 양떼가 초원을 벗어나 물가에서 쉴 테니, 그때 초원으로 가면 나뭇가지에 양털이 많이 묻어 있을 거라고 귀띔해주었지. 프시케는 갈대가 말한 대로 했고, 아프로디테를 또다시 깜짝 놀라게 했어.

다음 모험은 하늘 높은 곳에서 솟는 마법의 검은 물을 떠오는 것이었어. 인간이 그 높은 곳까지 가기란 불가능했지만 프시케는 이번에도 구세주를 만났지. 산허리를 타고 기어 올라가는 프시케를 본 독수리가 검은 물을 대신 날라다 주었던 거야.

이윽고 에로스는 프시케가 자신을 만나기 위해 뼈를 깎는 노력을 기울이고 있다는 사실을 알게 되었지. 에로스도 프시케가 아닌 다른 여자는 사랑할 수 없었어. 그래서 직접 문제를 해결하기로 하고 올림포스 신전으로 날아가 신들의 아버지 제우스에게 도와달라고 간청했단다. 제우스는 두 연인의 사랑을 저버릴 수 없어 프시케를 영혼의 여신으로 등극시키기로 하고 영생수를 주었어. 마침내 에로스와 프시케는 신과 자연의 도움을 받아 부부로서 영원토록 함께 살 수 있었지.

사랑의 궁극적인 목표는 신성을 맛보는 거야. 사랑은 신과 평화, 순수한 천국의 기쁨으로 인도하는 문을 열어주지. 아이들이든 연인이든, 누군가와 사랑에 빠지는 것은 삶에서 가장 감동적이고 풍요로운 여행이란다.

미라바이의 시

매일 목욕을 하여 신을 깨달을 수 있다면
나는 바다 깊은 곳의 고래가 되리.
식물의 뿌리와 과실을 먹어야 신을 알 수 있다면
기꺼이 한 마리 염소가 되리.
묵주를 세어 신을 찾을 수 있다면
거대한 묵주로 기도하리.
석상에 절을 하여 신을 만날 수 있다면
거대한 돌산을 숭배하리.
우유를 마셔 신과 함께할 수 있다면
숱한 송아지와 아이들이 신을 알리.
아내를 버려야 신을 부를 수 있다면
수천의 사내가 거세를 마다하지 않으리.
미라바이는 안다네.
신성을 찾는 길에서
유일하게 필요한 것은 사랑임을.

사랑은 세상을 바꾸는 힘이야

나의 할아버지가 돌아가신 뒤 초타 파파 삼촌은 부모님과의 추억을 우리 가족에게 들려주셨지.

할아버지는 군의관이셔서 몇 년마다 다른 마을이나 도시로 배치되었단다. 그래서 할머니, 아버지, 초타 파파 삼촌 등 나머지 식구들도 할아버지를 따라 여러 곳으로 옮겨다녔어. 한번은 서양 의학이 없는 인도의 한 벽지로 온 가족이 이사를 가게 되었지.

도착한 지 며칠 되지도 않아 할아버지가 펼치는 기적에 관한 소문이 동네에 널리 퍼졌어. 할아버지는 서양 의학을 접해보지 못한 마을 사람들에게 간단한 약을 주고 주사를 놓아주며 흔한 병을 치료하는 것에서부터 수술을 하는 일까지, 매일 수백 명을 진료하셨어.

그러자 부자와 가난한 이, 남녀노소를 막론하고 수백 킬로미터 밖에서도 무수히 많은 사람들이 걸어오거나, 소달구지, 오토바이, 버스, 자동차 등을 타고 와서는 할아버지의 좁은 진료실 밖에서 줄을 지어 기다렸지.

할아버지는 매일 14시간씩 일을 하셨지만 하루에 볼 수 있는 환자의 수가 정해져 있어서 사람들은 며칠씩 기다려야 했단다. 그래도 주민들은 이 훌륭한 의사가 자기를 치료해주리라 믿고 참을성 있게 기다렸어. 할아버지는 늘 온화한 미소로 모두를 대하셨지. 나중에는 할아버지의 존재 자체가 사람들에게 치유와 양식이 될 정도였단다.

진료를 받는 사람들 중에는 가난하고 배고프고 생계조차 어려운 사람들이 많았어. 할아버지는 이런 환자들에게 진료비를 한 푼도 받지 않으셨지. 그러면서도 마을의 부자를 대할 때와 똑같이 존중해주고 인정으로 이들을 대하셨어. 가난한 이들에게도 같은 시간을 들여 진료하셨고 무료로 약까지 내주셨지. 할머니도 진료를 기다리는 가난한 사람들에게 식사를 대접하시고, 이들이 떠날 때면 아픈 몸으로 걸어가지 않도록 교통비를 손에 쥐어주시곤 했단다.

3년 후 할아버지는 다른 마을로 전근하시게 됐어. 삼촌은 마을을 떠나기 위해 기차역으로 향할 때의 광경을 잊지 못한다고 말했어. 기차역 부근은 할아버지와 할머니에게 인사를 드리려는 사람들로 인산인해였대. 인파를 막기 위해 역무원들이 차단 띠를 쳐야 할 정도였단다. 할아버지는 기차 밖에 서 있던 그 수많은 사람들의 생명을 구하고 그들에게 감동을 선사하셨지. 그리고 그들의 몸만 치료한 게 아니라 생명과 연민, 자비심에 대한 마을 사람들 전체의 생각까지 바꿔놓으셨던 거야.

당신과 아이가 함께 지역사회를 위한 어떤 봉사활동을 할 수 있을까요?

소명
네 삶의 목적
Purpose

네가 선사한 소명과 자신감을 늘 간직할게

무엇을 하며 살 것인가에 대해 나는 몇 년 동안 고민했어. 혹시 이력에 도움이 될까 해서 갖가지 흥미로운 기회와 근사한 일들에 뛰어들기도 했고, 미국에서 내로라하는 경영대학원에 들어가기도 했지. 하지만 나는 내 능력에 대해, 그리고 더욱 야심적인 일을 해낼 재능과 지력이 있는지에 대해 늘 자신이 없었단다. 그리고 내가 하는 일이 과연 내 삶에, 또 이 세상에 뭔가 변화를 가져오고 있는지 끝없이 의심스러웠지.

사람은 각자 목적의식을 지니고 태어난다고 배웠어. 또 진정으로 좋아하는 일을 하면 어느덧 시간을 의식하지 못하게 되고, 그로 인한 에너지와 역동성으로 충만해진다고 배웠지. 그런데 이런 생각들이 때론 내게 커다란 스트레스가 되기도 했어. 뭔가 중요하고 창의적이며 남에게 영감을 줄 수 있는 일을 해야 한다는 부담감은 느꼈지만 나의 창의성과 영감, 능력에 대해서는 정말 자신이 없었던 거야.

그러다가 내가 꼭 세상에 뭔가를 입증할 필요는 없다는 걸 엄마가 되고 나서야 깨달았지. 나는 너희에 대한 사랑이 내가 이 세상을 살아가는 가장 중요하고 강력한 진짜 동기라는 생각이 들었단다. 너희를 보살피고, 돌보고, 베풀고, 가르치고, 나누고, 사랑하는 일이 내가 이루어야 할 가장 중요한 목표였던 거야. 나는 너희가 내 가슴에 활짝 열어준 사랑에 굴복했어.

그러자 지난 몇 년 동안 내 마음속에 쌓아올렸던 장벽은 어느새 무너지고 없었지.

이런 사랑에 굴복하게 되자 진실로 창의적이고 영감으로 충만한, 강력한 느낌을 받게 되었어. 나는 난생 처음으로 전에는 해본 적이 없는 방법을 통해서—글로, 창의적인 프로젝트로, 그리고 다른 사람들과 무언가를 나누는 것으로써— 나 자신을 표현하고 싶어졌단다. 갑자기 내 일에 의미와 목표가 생긴 거야. 이것은 모두 진정한 사랑, 베풂, 돌봄에서 비롯된 것이란다.

당신이 좋아하는 일은 무엇인가요? 진정한 열정이나 관심사는 무엇인가요? 어떻게 하면 아이의 열정이나 관심사를 발견하고 길러줄 수 있는지, 또 격려해줄 수 있는지 생각해보세요.

누구나 귀중한 목적의식을 지니고 태어났어

뱃사공이 있었어. 그는 작은 배에 교수를 태우고 만灣을 건너는 중이었지. 철학과 천문학, 과학에 대한 심오한 지식을 지닌 교수는 세계적으로 유명한 사람이어서 소박한 사공은 그에게 깊은 존경심을 품고 있었단다. 사공은 교수의 뱃길이 최대한 편안하도록 모든 노력을 기울였어. 하지만 파도가 센 밤이라 배는 물 위에서 이리저리 춤을 추었지.

교수는 바다의 아름다움에 도취해 있다가 바닷물의 리듬을 느끼고 말했어. "중력 중에서도 인력이 바닷물에 이런 격동을 유발한다고 생각하니 정말 자연의 힘에 경탄하게 되는군. 그렇지 않소, 사공 양반?"

사공은 지금까지 배를 어떻게 저어야 할지 판단하기 위해 하늘과 바람을 관찰하는 일 말고는 파도에 대해 달리 생각해본 적이 없었어. 그래서 어깨를 한 번 으쓱하고는 어색한 표정으로 미소를 지어 보였지. 교수는 이번에는 거의 눈을 부라리면서 말했어. "사공 양반도 물론 중력의 법칙이 이런 '운동의 교향곡'을 연주한다는 데 경탄하시지요?" 사공은 중력의 법칙이 뭔지 몰라 창피함을 느꼈지만 묵묵히 노를 저었대.

그러자 교수는 광활한 하늘과 밝은 별들을 가리켰단다. "오리온자리가 여기서 몇 광년이나 떨어져 있다고 생각하시오?" 교수는 도전적으로 물었어. "우리가 저 별들에 도달하려면 얼마나 걸리는지 아시오?"

사공은 질문의 뜻을 몰라 멍한 얼굴로 교수를 바라보았어. 별들은 사공이 드넓은 바다에 있을 때 시간과 방향을 알 수 있도록 도와주는 존재일 뿐이었어. 그는 별에 대해 달리 생각해본 적이 없었단다. 사공의 마음은 몹시 불편해졌지. 그가 배의 방향을 바꿀 때 교수가 다시 물었대. "우주의 심오한 문제들을 공부하지 않아서 당신이 평생 헛되이 보낸 시간이 얼마나 되는 줄 아시오?"

"아니오, 교수님." 간단히 답한 사공은 이쯤 되자 은근히 짜증이 나 가능한 한 빨리 반대편 기슭에 도착하는 데만 신경을 집중시켰지.

그런데 갑자기 돌풍이 불어왔어. 무식한 사공을 부끄럽게 만들 다음 질문을 생각하느라 바빴던 교수는 순식간에 물속으로 미끄러졌지. 교수는 팔을 허우적대며 버둥댔어. "사공 양반, 도와주시오! 난 수영을 하지 못한단 말이오!" 교수가 울부짖자, 사공은 그에게 소리쳤지. "교수님께선 물론 '수영하는 방법'은 배우셨겠지요. 그런데 교수님 생명을 이렇게 헛되게 보내야 하다니 이 얼마나 슬픈 일입니까?"

사공은 교수가 몇 초 동안 더 허우적대도록 놔두었다가 물속으로 뛰어들어가 교수를 건져올렸어. 교수는 추워서 부들부들 떨었지. 그리곤 건너편 기슭에 도착할 때까지 입을 다물고 조용히 앉아 있었대.

힌두교에는 삶의 목적을 뜻하는 '다르마dharma'라는 단어가 있단다. 이것은 모든 인간이 각자 이 세상에 기여할 고유한 능력을 타고난다는 뜻이지. 이슬람 수피교에서 전하는 이 사공과 교수의 이야기는 인간 각자가 상대방의 특별한 재능을 받아들이고 인정해야 한다고 말하는 거야.

네 잠재력을 깨워 줄게

어릴 때 내 방 바깥쪽 창턱에서 작은 애벌레 한 마리를 발견했던 적이 있어. 애벌레는 붉은 개미들이 모여 있던 곳을 피해 반대쪽으로 방향을 틀었지. 그리곤 위험을 피하고 먹을 것을 찾으려고 기다란 나무 막대 위를 기어갔어. 애벌레는 곧 창턱의 홈에 자리를 잡고서 몸을 감싸는 작은 고치를 만들었단다. 그것을 지켜보던 나는 이 세상에서 나만의 작고 아늑한 집을 만드는 기분이 어떨까 상상해보았어.

작은 애벌레는 얼마나 약해 보이던지. 나는 매일 애벌레의 작은 집이 비바람에 흠뻑 젖었다가 햇볕을 받아 다시 따뜻해지는 모습을 보았어. 땅벌이 고치 주변에서 윙윙거리고 개미 가족이 고치 곁을 지나 행진하는 광경도 보았지. 딱따구리가 창틀에 앉아 내 작은 친구를 보고 입맛을 다실 때는 그 새를 쫓기 위해 창문을 쾅쾅 두들기지 않을 수 없었어. 나는 매일 무슨 일이 일어날까 기다렸단다.

그러던 어느 날 아침, 해가 뜰 무렵이었어. 창밖을 내다보니 고치가 새벽 어스름에 아주 조금씩 조금씩 움직이는 모습이 보였지. 작은 고치는 천천히, 조용히, 부드럽게, 그리고 춤추듯이 세상을 향해 문을 열었단다. 1분, 2분, 시간이 지나면서 나는 아름다운 나비가 피난처 같은 제 집에서 모습을 드러내는 광경을 숨죽이며 지켜보았어. 아름다운 모습의 나비는

색색의 선으로 이루어진 날개를 아주 쉽게 펼치더니 단 한 번의 경쾌한 날
갯짓으로 자유를 만끽했단다.

그리고는 눈 깜짝할 사이에, 보이지 않는 곳으로 날아가버렸지.

꽃을 든 여인 _나오미 롱 매지트

나라면 꽃을 그렇게 괴롭히지 않을 거야.

그토록 끊임없이 양분을 주면 오히려 해가 되는 법.

땅을 계속 파지 말고 흙을 내버려두고

물을 주기 전에는 마르도록 기다려야 해.

잎은 본디 제 방향을 스스로 찾는 법.

홀로 햇빛을 찾을 기회를 줘.

너무 조심스러운 보살핌과

너무 조바심 내는 다정함은

성장을 멈추게 해.

사랑하는 것들을 그냥 내버려두는 법도 배워야 하지.

너의 재능을 키워줄 거야

내가 어릴 때 부모님은 교육을 무엇보다 중요하게 여기셨어. 그래서 우리 남매를 좋은 학교에 보내려 하셨고 위대한 문학, 신화, 예술, 역사를 몸소 느끼게 하고 많은 곳을 여행하도록 하셨지. 물론 부모님은 공부를 잘해 좋은 성적을 받는 일도 중요하다고 가르치셨지만, 삶의 온전한 잠재력을 두루 섭렵하는 것이 진정한 교육이라고 생각하셨단다. 두 분은 우리가 각종 경전을 읽고 교회, 유대교 예배당, 이슬람교 사원, 불교 사찰 등을 찾아가 여러 종교를 이해하며 다양한 사람과 만나기를, 또 새로운 곳을 방문하며 역사와 문화를 이해하기를 바라셨어.

하지만 두 분의 교육철학이 존경스러운 것은 언제나 두 분이 우리의 말에 귀를 기울이고 관심사를 관찰하며, 타고난 재능과 열정을 키워주는 데 많은 시간을 할애하셨다는 점이야. 네 외삼촌은 신화나 왕, 전사들의 역사, 위대한 영웅들의 이야기는 무척 흥미로워했지만 수학과 과학에는 큰 관심을 보이지 않았어. 부모님은 그런 외삼촌에게 과외 선생을 붙이기보다는 이야기에 대한 외삼촌의 애정을 더욱 더 키워주셨단다. 만화책을 사주시기도 했고, 휴가 때는 인도의 유명한 성채나 그리스의 아폴론 신전으로 데려가셨지. 부모님은 외삼촌이 글을 쓸 수 있도록 격려하면서 창의력과 상상력을 표출하도록 유도하셨어.

외삼촌과 내가 나쁜 성적을 받아 오면 부모님은 우리를 혼내시기는커녕 왜 좋은 성과를 거두지 못했는지, 그 주제에 정말 관심이 없는지, 다른 것에 집중하고 싶어서 그랬는지를 물어보셨단다. 그리고는 이번 시험의 주제를 더 큰 목적이나 흥미로운 활동과 연결지어보는 방법을 찾아보라고 권하셨지. 부모님이 아무리 그렇게 말씀하셔도 우리가 로그나 개구리 해부에 열의를 보이지 않으면 두 분은 그냥 내버려두셨어. 이런 부모님 덕분에 우리는 우리의 관심사와 재능에 대해 자신감을 키울 수 있었단다.

한번은 어떤 분이 아버지에게 자기 아들이 음악에만 관심이 있고 수학 숙제는 등한시한다고 불평을 했어. 그분은 아들에게 방과 후 공부와 과외 수업을 시키는 등 최선의 노력을 기울였지만, 오히려 아들은 수학 수업을 아예 듣지 않는다고 하셨지. 그분은 아들이 하루 두 시간씩 수학 공부를 할 때까지는 기타와 앰프를 사주지 않겠다고 하셨단다. 그런데 아버지는 그분에게 어쩌면 리듬을 통해 수학에 대한 감각을 발견할 수도 있을 거라며, 아들을 그냥 내버려두라고 하셨어. 그 아들은 결국 재능 있는 음악가로 크게 성공했지. 이제 그에게는 수학이 전혀 필요하지 않아. 금전 관리는 회계사를 고용하면 그만이니까.

부모로서 우리가 할 수 있는 가장 효과적인 일은 너희의 말을 경청하고 고유한 재능을 키워줄 방법을 발견하는 거야. 너희들에게 자신의 열정을 포용할 자신감을 주는 것은 너희들이 더욱 성취하는 삶을 살고 자기 주변 세계를 풍요롭게 할 수 있도록 돕는 길이란다.

아이에게 특별한 재능이 있나요? 이 재능을 키워주고, 아이가 관심과 열정을 보일 때는 적극 지지하겠다고 약속해보세요.

풍요를 창조하는 법

인도 신화에 나오는 라크슈미는 풍요와 행운, 아름다움의 여신이야. 여러 신들의 연인이자 아내였던 라크슈미는 모든 신들의 사랑을 독차지했지. 하지만 구애자들 사이에서 자주 변덕을 부렸대. 이런 라크슈미의 행동을 보면 부유함 역시 여신처럼 변덕스러우니 당연한 것으로 여겨서는 안 된다는 점을 알 수 있어.

인도 사람들은 신년 명절인 디왈리에 촛불을 밝히고 라크슈미를 찬양한단다. 여신이 우리의 가정을 축복하고 부와 행운을 가져다주기를 바라는 마음에서야.

사라스바티는 언변과 지혜, 소통의 여신이야. 남편 브라마와 함께 모든 지식의 산실인 브라만교의 4대 성전聖典을 낳았지. 사라스바티는 또 화가, 작가, 음악가의 어머니이기도 해. 순수한 지식과 지혜의 상징인 사라스바티는 자신을 기리거나 찬양하는 축제를 요구하지 않는 공평한 신이지.

이 두 신에 관한 아주 유명한 이야기가 있어. 어떤 사람이 세상을 구하는 데 쓸 많은 돈을 얻고 싶었대. 무한한 부의 비결을 배우려고 산속에 있는 스승을 찾아갔지.

스승은 그에게 라크슈미와 사라스바티에 대해 이야기하면서 모든 인간이 두 여신을 깊이 사랑하고 갈망한다고 말해주었어. 그리고 두 여신의 비

밀을 털어놓았지. 그가 진심을 다해 사라스바티를 좇고 사랑한다면 라크
슈미가 질투할 터이고, 결국 그의 관심을 끌려고 풍요와 행운을 선사할 거
라고 했단다.

　이 힌두교의 전래담을 봐도 그렇지만, 언제나 지식을 먼저 추구하면 풍
요는 자연히 뒤따라오게 되어 있어. 그래서 어떤 행동이나 직업을 택하든
지적, 정신적, 정서적인 성취감에 따라 고르는 것이 중요해. 성공과 풍요
는 반드시 그것들의 뒤에 따라오니까.

진정한 지도자의 자질

나의 가장 친한 친구인 그레이스 르와람바가 들려준 이야기인데 들어보렴. 그레이스는 임종이 멀지 않은 어머니를 뵈러 우간다에 다니러 갔대. 이번이 정말 마지막으로 어머니를 만나는 기회임을 알았기에 그 여행은 가족 모두에게 매우 각별했지.

그레이스의 어머니는 대단한 분이야. 열두 아이의 어머니이자, 마을 사람들을 이끄는 지역사회 전체의 어머니였지. 다른 사람에 대한 인정과 지혜로 주변을 압도했던 전형적인 아프리카의 여족장이었어.

그레이스는 어머니를 뵈러 가는 길에 자신과 어머니의 고향인 르완다에 들르기로 했어. 어머니가 태어난 마을을 찾아가 어머니의 혼이 깃든 그곳에 경의를 표하고 싶었던 거지. 하지만 막상 도착해서 보니, 그곳은 극심한 빈곤에 시달리고 있었어.

그레이스가 마을의 참상에 당황하고 있는 사이 곧 아이들이 몰려들었지. 아이들은 그레이스를 만지고 싶어 했어. 그녀의 원피스를 잡아당기는 아이들은 빈곤 속에서도 순수한 눈을 빛내며 노래하고 춤추었단다. 검은 조각상 같은 아이들의 얼굴은 아름다웠지만 부자연스럽게 나이 들어 보였어. 그리고 뼈가 다 드러날 정도로 아주 약했지. 성장이 멈춘 그 아이들은 영양결핍으로 제대로 걷지도 못했대. 하지만 아이들은 그레이스를 만져보고, 말을 시키고, 돈이나 장난감을 달라고 조르려고 자리다툼을 벌이면서 웃고 장난을 쳤어.

그 아이들 중에 유난히 눈에 띄는 아이가 있었다는구나. 열두 살쯤 되어 보이는 아이였는데, 장난을 치면서 구걸하는 다른 아이들과 달라 보였대. 그 아이는 따로 할 말이 있다며 그녀에게 잠깐 구석으로 와달라고 부탁했어. 그레이스가 아이를 따라가자 차 안에서 그녀를 기다리고 있던 운전사가 부리나케 달려나와 마치 떠돌이 개를 쫓듯 아이를 쫓았지.

하지만 그레이스는 아이에게 뭘 갖고 싶냐고 물었어. 아이는 뜻밖에도 그레이스가 입고 있는 옷을 달라고 했지. 다른 아이들이 킥킥 웃었어. 그레이스도 길 한복판에서 옷을 벗어줄 수는 없다면서 웃었지. 그러자 아이는 눈에 눈물을 가득 담고 멀리 달아나버렸어.

운전사는 여기 아이들이 파리 떼 같다며 뭘 달라는 말은 그냥 무시하라고 했지만, 그레이스는 아이의 상처 받은 얼굴을 영원히 잊지 못할 거 같았어. 이상한 요구를 하며 간청하던 목소리도.

결국 그레이스는 운전사에게 아이가 사라진 골목으로 가보자고 부탁했어. 잠시 찾아보니 소년은 구석에 숨어 있었지. 그레이스는 차에서 내려 아이를 불렀지만 아이는 그녀의 얼굴을 보자마자 멀리 도망쳤대. 그레이스는 막다른 골목까지 헉헉대며 아이를 쫓아갔지. 길가에서 이 광경을 보고 있던 사람들이 모두 술렁거렸어. 아이가 뭔가를 훔쳐서 달아나는 거라고 생각했던 거야. 몇 명은 무리를 지어 아이를 뒤쫓았단다. 그들은 아이를 붙들자 난폭하게 밀치기 시작했어. 깜짝 놀란 그레이스가 그 애는 자기 친구라고 말했지.

"왜 내 옷을 갖고 싶지?" 그레이스가 아이에게 물었어. 모인 사람들은 일제히 아이에게 야유를 보냈지. 아이는 조그만 목소리로 다시 한 번 옷을 달라고만 말했어. 사람들은 또다시 큰 소리로 웃어댔단다. 그레이스는 내일 다시 만나 옷을 주마고 말했지. 아이는 눈으로 말없이 고마움을 전했어.

다음 날 그레이스는 원피스를 비닐봉지에 담아 약속 장소로 나갔대. 가보니 아이는 몸을 동그랗게 웅크리고 앉아 졸고 있었지. 아이에게 얼마나 오래 기다렸냐고 물었더니 어제 이후로 계속 그 자리에서 기다렸다고 했어. 시계도 없는 아이는 약속 시간에 맞추지 못할까 봐 계속 자리를 지킨 거였지. 그레이스가 옷을 넘겨주자 아이는 고맙다고 말했어. 그레이스가 다시 한 번 물었지. "그런데 왜 이 옷을 갖고 싶은 거니?"

아이가 대답했어. "엄마가 죽어가고 있어요. 엄마가 땅에 묻힐 때 이 예쁜 옷을 입고 있었으면 좋겠어요. 우리 엄마도 많이 아프기 전에는 아줌마하고 비슷했어요. 엄마가 천국에 갈 때 이 옷을 입으면 정말 좋겠어요."

아이는 지금 엄마의 모습이 아빠가 죽기 직전의 모습과 똑같다고 말했어. 두 사람은 모두 에이즈에 걸렸던 거지. 아이는 엄마가 며칠 안으로 세상을 떠나리라는 걸 알고 있었어. 가슴이 뭉클해진 그레이스는 자기 어머니를 떠올렸지. 아이와 자기가 똑같은 마음이라는 것을 안 그레이스는 아이 앞에서 목 놓아 울었단다.

아이는 그레이스를 꼭 껴안아주었어. "아줌마, 우리 엄마 때문에 울지 마세요. 엄마는 살면서 좋은 일을 많이 했어요. 저를 낳아주셨고요. 저는 맏이라서 엄마와 동생들을 돌봐야 해요. 끝까지 지켜봐주세요. 저는 해낼 거예요. 뭐든지 할 수 있어요. 언젠가는 대통령이 되어서 우리나라 사람들을 모두 보살필 거예요. 지금 엄마와 가족을 돌보는 것처럼요."

그레이스는 마음을 추스르고 아이와 작별 인사를 나누었어. 그리곤 자신의 옷이 든 봉지를 들고 뛰어가는 아이의 뒷모습을 하염없이 바라보았지. 그레이스는 앞으로 수많은 사람들을 돌보게 될 미래의 지도자를 만났다는 걸 마음 깊은 곳에서 알 수 있었단다.

진실을 위해 열정적으로 도전해보렴

경영대학원에 다닐 때 나는 남아프리카공화국으로 가는 여행을 조직한 적이 있어. 대학원 학생들을 대상으로 그곳의 현재 상황을 돌아보고 미래의 비즈니스 기회를 파악하는 것은 물론, 그 나라와 그곳의 전통 등을 배우기 위한 여행이었단다.

남아공 여행은 영원히 잊지 못할 여러 가지 추억을 안겨주었지만 로빈 섬을 방문했던 일이 가장 기억에 남아. 그곳은 바로 넬슨 만델라가 26년 동안 투옥되었던 외딴 감옥이지. 우리는 만델라 전 대통령과 같은 날 반역죄 선고를 받았던 자유 투사 아메드 카스라다 옹의 안내를 받는 행운을 누렸어. 카스라다 옹은 70대 후반의 노신사로 수감 당시 36세였단다. 그 유명한 리보니아 재판에서 유죄 선고를 받은 사람들 중 비교적 젊은 축에 속했고, 유일한 남아시아계 투사였지.

감옥을 둘러보는 동안 우리는 전혀 다른 세계에 와 있었어. 30년 동안의 수감 생활, 국가의 얼굴을 뒤바꾸어놓은 혁명의 태동 과정 등 카스라다 옹이 몸소 체험한 역동적인 역사 이야기는 정말 감동적이었지. 우리 모두 만델라의 수감 생활에 관한 비망록이자 자서전인 『자유를 향한 머나먼 여정』을 이미 읽었지만 카스라다 옹의 설명을 들으며 교도소 내부를 걷는 일은 다시없는 아주 귀중한 경험이었단다. 그분의 말씀에 따르면 정치범들은 담배를 마는 종잇조각에 깨알 같은 글씨로 메모를 해서, 표시해 둔 돌 틈에 그것을 넣어두었다가 석방되는 동지들 편에 내보냈다고 해.

햇빛 찬란했던 그날, 나는 수감자들이 감옥에 있는 동안 아이들과 함께 하는 생활을 너무도 그리워했다는 말을 들었어. 그 말씀을 듣기 전까지는 그들의 격리된 감옥 생활이 얼마나 큰 희생이었는지 감히 짐작하지도 못 했지. 나는 너희의 울음소리나 웃음소리가 들리지 않는 생활을 상상할 수 가 없어. 그분은 아이들의 모습을 볼 수도, 소리를 들을 수도 없는 채로 23 년을 산 뒤, 마침내 자신의 아이를 품에 안았을 때의 감동을 나지막이 이 야기해주셨어.

그날 가장 극적이었던 순간은 카스라다 옹이 확신과 열정이 가득찬 어 조로 자신들이 믿었던 대의를 밝혔을 때야. 목숨을 바칠 각오로 단결했던 낯선 사람들 사이의 동지애를 들으면서 나는 전율마저 느꼈단다. 로빈섬 의 수감자들과 남아공 국민들은 평등이 인간의 권리임을 굳게 믿었어. 그 리고 감옥 안에서나 밖에서나, 수십 년에 걸친 억압과 힘겨운 투쟁 속에서 도 자유를 향한 고귀한 정신을 잃지 않았지. 카스라다 옹은 간수가 석방 소식을 전하던 그날 밤의 광경도 말씀해주셨어.

“와서 이러더군요. ‘여러분이 내일 석방될 거라는 팩스를 받았소.’ 우리 가 제일 처음 했던 말은 ‘팩스가 뭐요?’였어요. 텔레비전도 1986년에야 처 음 봤거든.”

하지만 그날 오후 우리에게 가장 큰 영감을 주었던 것은 평생 투쟁을 하 며 살아왔는데도 그들을 탄압했던 백인들이나, 투쟁을 모른 척했던 다른 나라 사람들을 전혀 미워하지 않는 카스라다 옹의 모습이었단다. 카스라다, 만델라 같은 남아공의 지도자들은 화해와 단결의 철학으로, 폐허가 된 조국을 재건하려는 열망만으로 무장했던 거야. 이런 용서의 마음은 사랑과 평화를, 고귀한 진실을 드높이 찬미하지.

네 가치관과 평생 하고 싶은 일의 조화

스물 셋이 되었을 때, 나는 엔터테인먼트 분야에서 일하기로 결심했단다. 그리고 누구보다 적극적으로 일을 한 덕분에 인도 MTV의 초기 대표가 되는 엄청난 기회를 거머쥐었지.

처음 몇 달 동안은 뭄바이에 있는 호텔에서 머물렀어. 하지만 출장이 너무 잦은 탓에 가족을 만날 기회가 없어 델리에 있는 조부모님 댁으로 이사를 했지. 그곳에 머물면서 MTV 아시아 본사가 있는 싱가포르에 정기적으로 출장을 갔고, 인도 전역을 돌아다니기도 했어. 그리고 마케팅, 제작, 광고 영업 및 비즈니스 개발, 대 정부 홍보 등 회사 내 모든 부서의 인도 관련 업무를 총괄 지원했지. 하지만 가장 재미있었던 일은 델리, 뭄바이, 방갈로르 등 대도시의 나이트클럽과 콘서트장을 방문하는 거였어. MTV 배지를 보여주기만 하면 어느 클럽이나 무료로 입장할 수 있었거든. 정말 매력적인 특혜였지. 또 나는 콘텐츠를 어떻게 패키지로 만드는지, 거래는 어떻게 구성하는지, 비즈니스 운영 제반 사항은 어떻게 처리해야 하는지를 배우면서 정말 즐겁게 일했단다. 두 번 다시없는 굉장한 경험이었지.

그런데 어느 날 한순간에 일에 대한 흥분과 열정이 물거품처럼 사라졌어. 그때 나는 인도에 출장 온 다른 MTV 임원들과 함께 차 안에서 애기를 나누던 중이었단다. 우리는 바로 직전에 광고 회사와의 미팅을 성공적으로 마친 뒤라 몹시 즐거운 기분으로 새로 문을 연 레스토랑에 가서 자축할 계획을 세우고 있었지. 그러는 중에 교통체증이 시작됐고, 운전사는 지름길로 가려고 낯선 골목길로 접어들었어.

정말 처음 보는 빈민촌이었단다. 골목길 안에는 집이라고 부르기조차 어려운 가건물들이 즐비했고, 아이들은 파리 떼가 윙윙거리는 진흙탕 속에서 벌거벗은 채 놀고 있었어. 또 돼지와 소들이 어지럽게 오가고, 앙상한 개들은 먹을 것을 찾아 처량하게 헤매고 있었지.

화기애애한 대화는 즉각 멈춰버렸어. 눈앞에 펼쳐진 빈곤의 현실이 너무도 우울했거든. 우리 모두는 죄책감과 무력감에 빠져 말을 잃었단다. 차 안에는 정적만 감돌았어.

그런데 갑자기 일행 중 한 사람이 허리를 꼿꼿이 세우더니 이렇게 말했어. "와, 근사하지 않아요?" 고개를 돌려 바라보니 천장에 텔레비전을 매달아놓은 매점이 있었지. 그 TV 앞에는 벌거벗거나 누더기를 걸친 맨발의 아이들이 입을 헤 벌린 채 서 있거나 쭈그리고 앉아 있었어. 아이들이 뚫어져라 보고 있는 화면에는 비키니와 반바지, 미니스커트를 입은 미국 아이들이 음악에 맞춰 현란하게 춤을 추고 있었단다. 화면 오른쪽 구석에는 MTV의 로고가 자랑스럽게 빙글빙글 돌아가고 있었고, 동료들은 그 로고를 보고 환호성을 질러댔지. 얼마나 대단한 성공인지! 동료들은 다시 왁자지껄 이야기를 시작했고 서로 잘했다고 격려해주었어. 자축 파티 계획도 다시 짜기 시작했지.

하지만 나는 끔찍한 침묵에 빠져들었어. 그 순간 내가 하고 있는 역할을 뼈저리게 깨달았던 거야. 당시 나는 TV에 빠져 사는 멍청한 고등학생 둘을 주인공으로 한 〈비비스와 버트헤드〉의 프로모션을 담당하고 있었어. TV가 전 세계 문화를 석권하는 것은 어차피 일어날 수밖에 없는 사회적 변화라고 생각하고는 있었지만, 내가 그 일을 담당하고 있다는 게 자랑스럽지는 않았지. 위대한 전통과 이야기, 신화와 정신을 간직한 인도라는 나라가 지금 다른 종류의 침략자에게 정복되고 있다는 걸 깨달았던 거야. 이 새로운 식민 지배자는 가치관과 정체성의 핵심을 파괴하는 중이었지.

미디어와 연예산업은 선택할 수도, 선택하지 않을 수도 있는 무기란다. 하지만 한 문명 전체의 가치관과 문화, 목표까지 바꾸어놓기 때문에 그 어떤 것보다도 강력한 무기이지. 이런 현대판 십자군 전쟁에서 내가 담당하고 있는 역할이 불현듯 나를 숨 막히게 만들었어.

그날 밤, 나는 우리의 노고와 성과에 대해 동료들과 자축했어. 그리고 다음 날 아침, 회사에 전화를 걸어 퇴직하겠다고 말했지. 이제 한 걸음 더 나아갈 때가 되었어. 내가 믿는 방식으로 세상을 바꿀 때가 왔다는 걸 알았던 거야.

네가 지닌 치유의 힘을 믿어봐

젊은 남자가 산책을 하다가 강변에서 전갈과 성자를 보았어. 성자는 전갈이 물에 빠져 죽어가는 걸 보고 물속으로 뛰어들었는데, 전갈은 성자가 내민 손을 쿡 찔렀지. 성자는 어쩔 수 없이 전갈을 놓아주어야 했어. 하지만 다시 전갈을 구하려고 물속으로 뛰어들었지.

젊은이는 성자와 전갈이 같은 행동을 몇 번이나 반복하는 광경을 보고, 이 무의미하고 고통스러워 보이는 일에 참견하지 않을 수 없었단다. "존경하는 성자님, 전갈이 계속 찌를 걸 모르시나요? 뭐 하러 그런 쓸데없는 일을 하십니까?"

그 순간 전갈이 다시 성자의 손을 찔렀어. 그런데도 성자는 이렇게 말했지. "젊은이, 찌르는 게 전갈의 본능이라네. 전갈이 무슨 나쁜 뜻이 있겠나? 그리고 위험에 빠진 생명을 구하는 건 내 천성이지. 난 전갈을 살리려는 내 마음이 결국 이길 거라고 믿는다네. 그 믿음 또한 내 천성이고 말이야."

성자와 전갈은 계속해서 씨름을 했고, 젊은이는 결말이 궁금해 자리를 뜨지 못했어. 그런데 놀랍게도 성자는 결국 전갈을 구해 땅 위에 내려놓았어. 할 일을 마친 성자는 젊은이에게 미소를 짓고 다시 가던 길을 갔단다.

나는 인간이 사랑과 치유의 힘을 타고났다고 믿어. 이따금 그걸 잊기도

하지만, 마음속 깊은 소망의 소리에 귀 기울이면 우리에게 이런 사랑이 자
리잡고 있다는 걸 알 수 있지. 그리고 이 세상의 모든 부모들은 아기의 눈
을 바라볼 때마다 이 아름다운 힘을 느낀단다.

내 가장 중요한 역할은 엄마란다

어떤 엄마가 되고 싶은지 생각해볼 때면 멀리서 귀감을 찾을 필요도 없어. 바로 곁에 우리 엄마가 계시기 때문이지.

엄마는 사랑과 연민, 보살핌 그 자체야. 한평생 자식과 남편, 부모님, 형제자매, 조카들, 다른 친척들과 친구 분들까지 보살피셨지. 엄마는 매일 자신을 희생하지만 다른 사람은 전혀 모르게 하셔. 엄마의 힘은 바로 다른 이들에 대한 사랑이야. 엄마는 당신이 사랑하는 이들을 늘 보살피느라 말없이 애쓰신단다.

엄마의 사랑은 말없는 인내심 속에서 끝없이 타오르는 강한 불꽃같아. 주위 사람들은 엄마 곁에서 평화와 안정을 찾지. 엄마는 늘 우리의 말에 귀 기울이지만 당신의 말을 들어달라고 요구하시는 법이 없어. 늘 베풀지만 너희도 베풀라고 요구하지도 않으시지.

나는 사랑과 자부심이 넘치는 할머니가 된 우리 엄마의 모습을 본다. 엄마는 너희와 함께 놀아주고 웃으며 노래 부르시지. 너희를 고유한 생각과 욕구가 있는 인격으로 대하면서 너희에게 말을 건네고, 세상에 대해 가르치고, 질문을 하셔. 엄마는 내가 쉬고 일할 수 있도록 늘 우리를 돌봐주시면서도, 당신에게 내가 너무 많은 걸 요구한다고 불평하지 않으신단다.

엄마는 당신의 존재나 당신이 해주는 일의 정당성을 증명해야 한다고 느끼지 않으셔. 그저 어머니가 된 것을 자랑스러워하실 뿐이야.

엄마는 알고 계셔. 어머니가 되는 것은 정말 힘들지만, 어머니라는 직업이야말로 이 세상에서 가장 강력하고 여성답고, 성취감이 충만한 일이라는 걸.

어머니로서 자신의 역할에 대해 생각해보세요. 어떤 자질을 갖추고 싶은가요?

기적

우주의 마술과 신비

Miracles

마술 같은 자연과 무한한 우주

크리슈나는 자주 말썽을 피워 엄마를 불안하게 만드는 장난꾸러기 소년이었어. 하지만 엄마인 야쇼다는 온 마음을 다해 아들을 사랑했지. 게다가 크리슈나가 단순한 말썽쟁이가 아니라는 것을 잘 알고 있었기에 혼내지 않았어. 사실 크리슈나는 소년으로 변장한 신이었거든. 소년의 장난이나 게임 하나하나는 모두 우주의 웃음이자 느긋한 놀이였단다.

어느 날 크리슈나는 형인 발라, 그리고 친구들과 함께 해변에 놀러 갔지. 아이들은 술래잡기도 하고 모래성을 쌓기도 했어. 물을 찾으려고 열심히 모래를 파던 크리슈나는 갑자기 호기심이 생겨 손가락에 묻은 모래를 맛보았단다. 딱딱하고 거친 모래의 느낌이 너무 좋아서 크리슈나는 친구들이 지켜보는 가운데 한 번 더 맛을 보았지. 형 발라는 모래를 먹으면 안 된다는 걸 알고 마을로 달려가 엄마에게 크리슈나가 한 짓을 알렸단다.

깜짝 놀란 야쇼다가 해변으로 달려가 보니 크리슈나는 곤란한 표정을 짓고 있었어. 야쇼다는 크리슈나에게 모래를 먹었느냐고 물었지. 아이는 고개를 저으며 부정했어. 야쇼다는 한 번 더 물어본 다음, 입 안에 들어간 모래를 꺼내려고 아이의 입을 강제로 열려고 했단다.

크리슈나는 강하게 저항했지만 엄마의 힘센 손을 피할 길이 없었어. 크리슈나는 결국 입을 열었대. 입속을 들여다본 야쇼다는 깜짝 놀라 아들에게서 멀찍이 물러섰어. 야쇼다는 눈을 비빈 다음 다시 한 번 크리슈나의 입속을 들여다보았지. 그리고 야쇼다의 뺨 위로 뜨거운 눈물이 흘러내리기 시작했어. 아들의 입 안에서 상상하기도 어려운 아름다운 광경을 보았기 때문이야.

높이 솟은 산과 깎아지른 절벽, 눈 쌓인 산과 떨어지는 폭포수에서 생기는 아름다운 무지개가 보였지. 거칠고 드넓은 바다 위에 펼쳐진 아름다운 석양과 수정처럼 빛나는 달도 보였어. 광활한 벌판과 하늘, 굽이치는 강, 모래 언덕도 보였지. 또한 오래 전에 살았던 동물들, 무리를 지은 새들, 사자 가족, 얼룩말과 코끼리 떼, 뱀과 곤충들의 서식지와 밤을 향해 우짖는 늑대들도 보였단다. 끝없이 펼쳐진 어두운 밤하늘에서 반짝이는 빛과 별똥별들, 머나먼 우주에서 빛나는 행성들도 보였어. 아이들이 웃으면서 모래성을 쌓는 모습도 보였지. 그런데 자세히 보니 그 가운데에 한 어린 소년이 입을 벌리고 앉아 있더래. 바로 크리슈나였어! 크리슈나 옆에는 무릎을 꿇고 앉은 자신의 모습이 보였지.

그 순간, 야쇼다는 정신을 잃고 말았어. 크리슈나는 말없이 입을 다물고 엄마를 쓰다듬었지. 엄마의 뺨에 뽀뽀를 하자 엄마가 눈을 떴어. 크리슈나는 엄마가 일어나 앉도록 도와주었지.

크리슈나는 조용하고 부드러운 목소리로 아무것도 걱정할 필요가 없다고 말했단다. 엄마는 잠시 신성과 무한성을 들여다본 거였어. 크리슈나 자신이 곧 산이자 하늘이며 물이자 바람이었거든. 그는 바로 과거, 현재, 미래를 아우르는 영원의 시간이었어. 영혼의 침묵 속에 놓여 있는 광활한 의식과 위안이었지.

크리슈나는 엄마를 향해 미소 지었단다. 그리고는 엄마의 손을 잡고 집으로 돌아갔지.

너는 엄마에게 많은 기적을 보여줬어

타라, 나는 너의 미소만큼 경이로운 미소를 본 적이 없어. 그건 내면에서 부터 빛을 발산하고, 자신감과 부끄러움이 공존하는, 온몸으로 표현되는 미소란다. 네 미소는 기쁨과 행복을 퍼뜨리는 힘이야.

너의 미소는 친절과 베풂, 수용에 대해 내게 많은 것을 가르쳐주었어. 너는 누구에게나, 어떤 것에나 미소를 짓지. 비를 보고, 음악을 듣고, 개를 보고, 심지어 개 사료를 보고도 미소를 지어. 다른 아이들을 보거나 그들의 웃음소리를 들을 때도 온몸을 흔들면서 까르르 웃는단다.

가판대에서 신문을 사던 날이 생각나니? 그날 우리 곁에는 노숙자 한 사람이 길바닥에 있었지. 그는 냄새도 고약하고 손과 얼굴에는 뭔가 심각한 폭행에 연루되었던 것처럼 시퍼런 멍자국이 나 있었어. 나는 네 손을 꼭 쥔 채 얼른 신문만 사가지고 그 자리를 뜰 셈이었단다.

그런데 내가 돈을 내는 동안 네가 그 사람 쪽으로 몸을 기울이면서 까르르 웃었어. 너는 손을 흔들면서 평소보다도 더 사랑스러운 미소를 그에게 보냈지. 네게 그는 다른 사람들처럼 똑같이 특별하고 아름답고 우습고 재미있는 존재였던 거야. 너는 결코 그가 사랑스러운 너의 미소를 받을 자격이 없다고 생각하지 않았어.

처음에 그는 네가 자기를 보고 웃는 줄 모르다가 너의 따뜻하고 열정적이고 장난스러운 몸짓에 놀라 고개를 들었단다. 그리곤 '까꿍' 하고 장난을 치면서 네 미소에 답했지. 너는 더 크게 환한 미소를 지었어. 그가 나를 보고 말했지. "나중에 아기가 크면 절망뿐인 한 남자에게 희망을 준 적이 있다고 말해주세요. 정말 예쁜 아이군요. 감사합니다."

그가 걸어가자 너는 작별 인사로 손을 흔들었어. 그러더니 이내 부릉대며 지나가는 오토바이에 정신을 빼앗겼지. 오토바이가 소리를 내며 금방 멀리 달아나자 너는 흥분해서 소리를 질렀단다.

아기에게 배운 새로운 교훈이나 감정, 발견 등에 대해 생각해보세요. 아기가 준 이러한 선물에 대해 얘기해보세요.

네 마술 같은 상상력을 길러줄게

하루는 친구가 네 살 난 조카 클라리스 얘기를 해주었단다. 클라리스에게는 상상 속의 친구 토미가 있었어. 토미는 초록색의 작은 요정인데, 항상 클라리스 곁에 있으면서 중요한 일이 생길 때마다 클라리스와 의논을 하곤 했지. 물론 클라리스의 말썽을 부추기는 일도 했어.

어느 날 클라리스는 학교에서 내일이 녹색이 상징색인 수호성인 성 패트릭의 날이라는 걸 배웠어. 클라리스는 집으로 달려와 엄마에게 토미의 생일 파티를 준비해야 한다고 말했지. 엄마는 클라리스가 상상의 나래를 펼칠 수 있도록 딸과 함께 토미의 생일 케이크를 구웠대. 그리고 둘은 피자나 프렌치프라이처럼 토미가 (실은 클라리스가) 좋아하는 음식으로 저녁을 준비했지. 시금치나 완두콩처럼 클라리스가 썩 좋아하지 않는 음식들도 곁들였어. 엄마는 이 특별한 날을 위해 열심히 요리를 했단다.

다음 날 아침, 잠에서 깬 클라리스는 근사한 광경에 눈이 휘둥그레졌어. 집이 온통 녹색 풍선과 리본으로 치장되어 있었거든. 게다가 화장실 변기의 물도 녹색이었고, 치약도 녹색이었단다. 클라리스는 너무 좋아하며 엄마에게 토미도 아주 기뻐한다고 말했지.

그날 저녁 가족들은 모두 토미와 함께 저녁을 먹으며 토미의 생일을 성대하게 축하해주었어. 클라리스는 이런 멋진 파티는 난생 처음이라고 말했고, 토미도 마찬가지라고 했지. 그날 밤 클라리스는 얼굴 가득 미소를 띠고 잠이 들었어. 그리고 어느새 녹색 요정과 축제의 세계로 들어갔지.

클라리스와 토미의 이야기는 부모들이 아이의 상상력을 어떻게 길러줄 것인지를 생각하게 해준다. 클라리스의 엄마는 딸이 창조한 신기한 마술의 세계를 격려해주었지. 클라리스는 그날의 특별한 추억을 오래도록 간직할 거야. 언젠가 토미는 클라리스의 인생에서 사라지겠지만 함께하는 동안은 특별한 꿈과 창의력, 기쁨, 힘과 사랑을 줄 게 분명해.

"소용없어요. 불가능한 일을 믿을 수는 없으니까요." 앨리스가 말했다.

"연습해본 적이 없는 게로군." 여왕이 말했다.

"내가 네 나이 때는 매일 반 시간씩 연습을 했단다. 그래서 어떤 때는 아침을 먹기 전까지 불가능한 일을 여섯 가지나 믿은 적도 있었지."

_루이스 캐럴 『거울나라의 앨리스』(1872) 중에서

이따금씩 아이의 세계를 방문해보세요. 당신의 목소리가 아이의 상상력을 방해하지 않도록 조심하면서 아이의 눈으로 세상을 바라보세요. 그리고 아이가 보여주는 마법의 세계를 기쁜 마음으로 바라보세요.

경이로운 눈으로 함께 세상을 바라보자

우리는 당연한 것으로 받아들이는 일들이 너무 많아. 그렇기 때문에 더더욱 너희와 함께 세상을 바라보고 그 아름다움을 감상할 시간을 내는 게 중요하지.

사실 우리가 사는 세상은 기적과 마술로 가득 차 있단다. 꽃 한 송이만 봐도 그래. 꽃은 본래 씨앗이었고, 이 씨앗은 다른 꽃에서 왔어. 하지만 씨앗이 꽃이 되려면 흙과 비와 해와 구름과 공기가 있어야 해. 아무리 작은 것 하나를 만들려고 해도 온 세상이 다 필요한 거야.

평소에 그 진가를 생각해본 적이 없는 물건을 한번 보렴. 의자 하나도 새로운 눈으로 바라보면 달리 보이지. 목재를 볼까? 그 목재를 만들어낸 나무, 그 나무에 자양분이 된 바람과 태양, 나무가 자라도록 도운 빗물을 생각해 봐. 의자는 목수의 숙련된 손, 의자를 제조한 공장, 가구를 파는 사람들, 그리고 그들을 보살피는 가족들 덕분에 태어나지. 이처럼 세상에 존재하는 모든 것은 우주 전체가 힘을 합쳐 만들어내는 거야.

우리 모두는 사랑과 신비, 진화 등등 여러 가지 상황의 산물이란다. 여러 사건과 우연한 만남들, 꿈과 희망이 어우러져 우리를 만들어낸 것이지. 네가 존재하기 위해 우리에 앞서 수천 명의 사람들이 살았고, 사랑했으며, 행복하고 슬픈 시간들을 보냈어. 우리 조상들 모두의 역사가 너와 내게 담겨 있는 거야. 우리 주변 사람들과 그들이 살아온 시간과 장소의 역사도 마찬가지이지.

서로를 바라볼 때마다 우리가 이전에 존재해왔던 모든 것들을 한 몸에 담고 있는 존재라는 사실을 잊지 말아야 해. 그리고 또 우리는 앞으로 존재할 모든 것들의 씨앗이란다. 이런 눈으로 세상을 바라보면 늘 경이로움에 가슴이 벅차오를 거야.

매일 사용하는 물건 하나를 보고, 그 물건을 만드는 데 필요했던 자원과 사람들을 생각해보세요. 아이와 함께 이런 연습을 하겠다고 약속하세요.

네 진정한 내면의 힘을 믿으렴

나는 열여섯 살 때 나는 법을 배웠어. 비행기를 타고 나는 게 아니라 실제로 나는 법을. 아는 사람은 별로 많지 않아. 내가 날아다니는 방법을 털어놓는다면 사람들은 이상하게 생각할 테니까. 하지만 나는 날아다니는 법을 꽤 쉽게 배웠어. 지금도 그리 어렵지 않게 날 수 있지.

나는 법에 관한 기록은 전 세계적으로 여러 문화권에서 상당히 많이 발견된단다. 17세기에 쿠페르티노의 성 요셉은 걸핏하면 몸이 공중으로 떠올라 유명했지. 사실 성 요셉은 오히려 발을 계속 땅에 붙이고 있기가 어려웠대. 하나님이나 성스러운 말만 들으면 공중으로 몸이 떠올라 무아지경에 빠지곤 했거든. 그래서 그는 늘 구경거리가 되었어. 교회를 난처한 입장에 빠뜨릴 정도였지. 그래서 교회는 35년 동안 그가 성가대 활동을 하거나 식당에서 식사를 하는 것, 행렬에 참가하는 것, 미사를 집전하는 것 등 모든 행위를 금지시켰대.

16세기 아빌라의 성 테레사 역시 무의식중에 몸이 공중으로 떠오르는 체험을 자주 했어. 성 테레사는 교회의 행정업무를 맡았기 때문에 떠오르는 것이 몹시 성가신 일이었지.

명확히 말해, 내가 날았다고 말하는 것은 공중에 뜬다기보다 한 곳에서 다른 곳으로 뛰어오르는 것에 더 가까워. 가부좌를 틀고 명상을 하다보면

몸이 위로 살짝 뛰어오르는 반응을 느끼게 돼. 이것은 잘 알려져 있지만, 아직도 논란의 여지가 있는 현상이야. 하지만 이것은 지난 몇십 년 동안 '초월명상운동'에서 다루어졌던 것이고, 고대 인도의 문헌에도 상세히 나와 있는 보편적인 현상이란다. 왜, 어떻게 이런 일이 일어나는지, 그리고 정말 이 일이 실제로 일어나는지에 관해서는 의견이 분분하지.

열여섯 살 때 나는 법, 혹은 뛰어오르는 법을 배운 덕분에 나는 청소년기는 물론 어른이 되어서도 자신감과 안정감을 얻을 수 있었어. 명상을 하다가 에너지의 반동으로 몸이 처음 공중으로 떠올랐던 일은 정말 기적 같았지. 그 일로 난 의식만으로도 불가능한 일을 가능하게 할 수 있다는 걸 느꼈단다. 또 삶에는 우리가 볼 수 있거나 남들이 가능하다고 말하는 것 이상의 무언가가 있다는 것도 알게 되었어.

도움은 여러 가지 형태로 온단다

신앙심이 매우 깊은 노인이 있었어. 그는 하나님이 늘 곁에서 자기를 인도하고 모든 악에서 보호해줄 거라고 믿었지.

어느 여름, 노인의 마을에 큰 태풍이 찾아왔어. 일찍이 누구도 본 적이 없는 폭우가 밤낮으로 쏟아졌지. 엄청난 홍수가 예상되자 사람들은 마을을 떠날 준비를 하기 시작했어. 노인은 겁에 질린 사람들이 짐을 싸가지고 아이들을 데리고 가축, 귀중품을 챙겨 마을을 떠나는 광경을 지켜보았지. 이웃들이 같이 가자고 간청했지만 노인은 거절했어. "걱정 말게나. 하나님이 돌봐주실 거야."

마을은 삽시간에 텅 비어버렸어. 그리고 비는 계속 내려 노인의 집 1층에 물이 들어찼지. 굳은 신앙을 가진 노인은 걱정 없이 2층으로 올라갔어. 그래도 비는 여전히 그치지 않았지. 그때 용감한 마을 사람들이 폭우를 무릅쓰고 배를 타고 와 노인을 구하려고 했어. 하지만 노인은 이렇게 말하면서 여전히 떠나지 않으려 했단다. "하나님이 돌봐주실 거야."

며칠 후, 물은 2층까지 차올랐어. 노인은 지붕 위로 올라갔고, 세차게 퍼붓는 빗줄기를 바라보면서 위대한 하나님의 능력에 감탄했지. 물은 곧 지붕까지 올라왔어. 하지만 하나님이 구해줄 거라 굳게 믿고 있던 노인은 조금도 걱정하지 않았어.

마을 사람들 몇 명이 다시 폭우를 뚫고 노인을 구하러 왔지. 이번에는 헬리콥터를 타고 와서 같이 가자고 외쳤단다. 노인은 하나님이 자기를 돌보실 테니 괜찮다고 소리쳤어. 마을 사람들은 그가 살아남지 못할 것을 알았기에 안타까워하며 돌아갔지.

얼마 후 물은 지붕까지 뒤덮어버렸어. 노인은 결국 익사하고 말았지.

천국 입구에 도달한 노인은 몹시 화가 나 있었어. 노인은 하나님에게 따져 물었지. "어떻게 저를 죽게 내버려 두실 수 있습니까? 정말 굳게 믿었는데도 하나님은 저를 구하지 않으셨습니다."

하나님은 노인에게 부드러운 미소를 지으며 답하셨어. "나는 처음에는 경고를 했고, 그 다음에는 마을 사람들을 보내 네가 그들과 함께 떠나도록 간청하게 했다. 그 후에 배와 헬리콥터까지 보냈는데 아들아, 내가 그 이상 무슨 일을 더 할 수 있었겠느냐?"

이 이야기에서 배울 수 있는 교훈은 신이 늘 곁에서 우리를 인도하신다는 점이야. 우리는 신이 아니라 신의 지혜를 믿어야 해. 우주는 늘 우리를 도울 방법을 찾고 있고, 그것을 기꺼이 받아들일 준비가 되어 있을 때만 도움을 받을 수 있어.

미지의 세계에도 마음을 열어봐

열세 살쯤 되었을 때, 아버지께서 위자보드를 가지고 오셨단다. 아버지는 네 외삼촌과 나를 앉힌 다음 다른 영혼과 접촉하는 데 관심이 있느냐고 물으셨지. 그리고는 우리 주변에 만지거나 보거나 듣거나 할 수는 없지만 중력처럼 실제로 존재하는 '에너지 장'이 있다는 말씀을 하셨어.

사실 나는 아버지의 이론에는 별 관심이 없었어. 그저 죽은 지 얼마 안 된 사랑스런 강아지 니콜라스와 다시 만날 수 있다는 생각에 가슴이 두근거렸지. 그래서 우리는 열의에 찬 목소리로 당장 해보자고 말씀드렸어.

드디어 아버지가 상자를 여셨지. 그 상자 안에는 알파벳과 '예', '아니오'가 적힌 판이 있었고, 판 위의 알파벳 사이를 오가면서 작은 창을 통해 알파벳을 가리키는 조그만 나무 조각이 붙어 있었단다.

우리는 손가락 하나씩을 나무 조각 위에 대고 물었어. "거기 누구 있어요?" 이 말을 몇 번씩 되풀이했지만 아무 일도 일어나지 않았어. 네 외삼촌은 이내 싫증을 냈고 비디오게임을 하겠다고 했지. 하지만 아버지는 계속 노력하라고 하시며 우리가 갖고 있는 잡생각을 버리라고 하셨어. 그래서 우린 다시 눈을 감고 계속해서 거기 누구 없냐고 물었단다. 그러자 갑자기 나무 조각이 움직이기 시작했어. 나는 외삼촌이 나무 조각을 억지로 움직이는 줄 알았는데 그게 아니었어. 외삼촌 역시 나무 조각을 움직였느

나고 묻는 눈빛으로 날 쳐다보고 있었거든. 나는 우리의 손가락이 뭔가 다른 힘에 의해 이끌리고 있다는 걸 깨닫고 깜짝 놀랐어.

나무 조각은 우리의 질문 '거기 누구 있어요?'에 대한 대답으로 '예'를 가리켰단다. 그 다음 나는 내 손가락을 움직이고 있는 영혼의 이름을 물어보았지. 나무 조각은 천천히 나리-안(N-A-R-I-A-N)이라는 이름의 철자를 가리켰어. 외삼촌이 나무 조각을 움직이고 있지 않은 건 확실했어. 즉석에서 혼자 그런 이름을 생각해내지는 못했을 테니까. 우리를 바라보기만 하던 아버지도 매우 흥미롭다는 듯 우리 쪽으로 몸을 숙이셨어.

우리는 나리안에게 질문을 하기 시작했단다. 어디에서 왔는지, 영혼이 된 게 언제부터인지, 어디에 사는지……. 그리고 제일 궁금한 우리 강아지 니콜라스에 대해 물어보았어. 나리안은 파키스탄에 살았는데, 50년쯤 전에 세상을 떠났대. 지금은 광활한 우주에서 자유롭게 떠돌아다니면서 살고 있다고 했지. 그는 우리 강아지 니콜라스를 안다고 했어. 그래서 우리가 불렀을 때 응답한 것이라고 했지. 나리안이 니콜라스는 저 세상에서도 아주 행복하게 살고 있다고 답해줘서 우리는 안도의 숨을 내쉬었단다.

세상에는 이성으로 설명할 수 없는 일들이 많아. 하지만 그런 일에도 마음을 열어놓는다면 우리의 삶은 마술 같은 기적으로 가득 차게 될 거야. 미지의 세계를 두려워하는 대신에 우리 함께 다른 세상이나 다른 사람, 다른 장소를 탐색하면서 우주의 비밀을 엿볼까?

약속 88

꿈을 나누는 일의 힘

인도가 영국에서 독립한 뒤, 우리 할머니 마아는 아버지와 삼촌을 독립 기념일 퍼레이드에 데려가기로 하셨단다. 인도의 초대 총리인 자와할랄 네루가 그 행사에 참여한다는 소식을 들으셨기 때문이야. 할머니는 인도의 자유를 되찾기 위해 마하트마 간디와 함께 싸운 이 위대한 인물을 아들들에게 보여주고 싶었던 거지.

할머니는 두 아들에게 새 옷을 사 입히고, 당신은 어떤 사리를 입을지 며칠 동안 고민하셨대. 그리고 두 아들이 이날을 영원히 기억하고 자유를 기리는 일의 의미를 이해하길 바라셨지.

셋은 성대한 독립 기념 퍼레이드를 보려고 델리의 거리를 가득 메운 수백만의 인파와 함께했단다. 할머니는 인도의 육·해·공군과 경찰, 소방관들이며 공무원들이 행진하는 모습을 자랑스럽게 지켜보셨어. 그리고 이 사람들이 바로 해방 인도를 상징한다는 생각에 감동하셨지. 어린 아버지와 삼촌은 다른 아이들처럼 깃발과 풍선을 흔들며 행진하는 사람들에게 환호성을 질러댔어.

갑자기 환호성이 더 거세지고 열기를 띠더니 드디어 네루 총리가 다가오고 있는 것이 보였어. 사람들은 귀가 멍할 정도로 소리를 질렀고 기쁨과 흥분으로 눈물을 흘리기도 했지. 총리의 차가 할머니가 서 계신 곳을 천천히 지나갈 때 네루 총리가 고개를 돌렸대. 그는 잠시 할머니의 눈을 똑바로 쳐다보는 듯했지. 그러더니 양복 깃에 꽂았던 장미를 뽑아 할머니에게 던졌다는구나. 군중은 순간 놀라 조용해졌고, 경외심을 느끼며 뒤로 물러났어. 할머니는 자랑스럽게 장미를 주워 사람들이 볼 수 있도록 공중으로 높이 치켜들었지. 사람들은 박수를 쳤어.

행사가 끝난 후 집으로 돌아온 할머니는 방 하나를 비우셨어. 그리고는 방 한가운데에 탁자를 놓고 꽃병 하나를 올려놓은 뒤 장미를 꽂으셨단다. 그 후 많은 사람들이 그 장미를 보기 위해 몇 주 동안이나 집을 들락거렸어. 사람들은 장미의 방에 들어갈 때면 신발을 벗고 발끝으로 조용히 다가갔어. 경이와 경애, 감탄의 눈으로 꽃을 바라보았지. 집 전체는 고귀한 침묵으로 가득 찬 듯했어.

장미의 빛이 바래기 시작하자 할머니는 가족과 친지를 모으고 잔치를 벌이셨지. 잔치가 끝나고 손님들이 돌아가는 길에는 빛바랜 꽃잎을 한 장씩 나누어주셨단다. 나이 어린 아버지는 장미 꽃잎이 뭐가 그리 특별한지 궁금했어. 할머니가 말씀하셨지.

"그 장미는 우리 인도 전체의 영혼을 상징한단다. 저 장미 꽃잎에는 꿈과 염원과 자유를 갈구하는 민족의 열망이 담겨 있지. 미래에 대한 희망, 열정, 서로에 대한 사랑, 우리가 앞으로 추구해야 하는 모습이 담겨 있는 거야. 그러니까 그 장미는 우리 영혼의 정수인 셈이지."

열 살 소년이었던 아버지는 할머니의 이 말씀을 듣고 아주 큰 영혼과 소통하는 것 같은 느낌을 받았대.

우리는 너희에게 기회와 행복, 자유가 충만한 세상을 만들어주려고 노력한단다. 세계 곳곳에 장미 꽃잎을 흩뿌리는 날을 위해 우리가 어떤 꿈을 함께 실현할 수 있는지 생각해볼까?

기적을 알아볼 수 있는 힘

네 살짜리 사촌 동생 아나니아는 킥킥대면서 내 귀에 속삭였어. "한 숟가락 더 줘봐요. 목이 마르대요. 얼른요. 한 숟가락만 더 줘봐요."

눈앞에서는 온갖 색채가 아른거렸고, 사람들은 소리 없이 흐느끼면서 절을 하고 있었지. 향을 피우는 냄새가 진동했고 멀리서 경구를 외우는 소리가 들려왔어. 사원을 둘러싼 금은 장식은 햇빛에 반사되어 눈부시게 반짝거렸지. 긴장되면서도 감동과 기쁨이 교차하여 공양하는 내 손은 떨렸단다. 이 대소동 가운데서도 나는 조용히 신을 만났던 거야.

사원 바깥에서는 할머니 할아버지들이 흥겹게 춤을 추고 있었어. 영양 실조에 걸린 아기를 두 팔에 안은 곱사등이 걸인 여자가 목 놓아 울었고, 젊은 수행자는 하늘을 찬양하는 찬가를 불렀지. 사람들이 몹시 흥분해서 떠들고 있는 동안 과학자들은 상식을 뛰어넘는 이 기이한 현상을 설명하는 가설을 내놓고 있었단다. 오늘은 기적의 날이었어. 기적을 믿지 않는 사람들조차 오늘은 뭔가 마술 같은 일이 일어나고 있다는 걸 인정했어.

아나니아는 내 손에서 숟가락을 뺏더니 그것에 다시 우유를 부었어. 그리곤 무릎을 꿇고 상아로 만든 코끼리 신 가네샤 조각상의 코에 숟가락을 갖다 댔지. 우유는 순식간에 우리 눈앞에서 사라졌어. 가네샤 신이 우유를 마신 거야! 어린 사촌은 주변 사람들이 탄성과 환호성을 지르는 줄도 모른 채, 기쁨이 넘치는 얼굴로 목마른 신에게 우유를 한 숟가락 더 공양했어.

그날 CNN과 BBC 같은 유명 방송국은 24시간 내내 인도의 가정과 사원에서 일어난 이 기이한 현상을 전 세계에 보도했단다. 카메라는 힌두교 사원 바깥에 길게 줄지어 서서 자신의 공양 순서를 기다리는 수많은 인파를 보여주었지. 사실 이날은 가네샤뿐 아니라 모든 신들이 다 우유를 마셨어. 심지어는 별 다섯 개짜리 호텔 안에 있는 꽃집에도 줄이 호텔 밖으로 길게 늘어서 있었어. 꽃집 구석에 있는 작은 석상도 목말라했기 때문이야. 다음 날 신문의 머리기사는 이랬어. "신들의 과잉소비로 델리에 우유 부족 현상!"

기적을 경험하는 일도 흔치 않은데, 수백만의 다른 사람들과 함께 이를 경험하는 일은 신의 선물일 거야. 신들이 그토록 목말라했던 이날은 축제와 계시의 날이었단다. 거리마다 춤추는 사람들로 붐볐고, 친구들과 친척들은 미래의 꿈을 이야기했지. 노인들은 다 알고 있다는 표정으로 흐뭇하게 고개를 끄덕였어. 아이들은 학교에서 일찍 파했고, 각종 상점과 음식점들도 문을 닫았고, 사람들은 모두 사원에 모였어. 웃음과 흥분이 가라앉지 않았고 미소 지을 여유가 있었지. 일순간 우리가 신비의 세계에 살고 있다는 점을 깨달았던 거야.

오염과 폭력, 범죄와 빈곤, 우울함의 세계에서 사는 우리는 때때로 우주에 마법이 있다는 걸 잊어버리지. 그래서 이따금 상황이 어둡고 좋지 않을 때, 우리가 믿는 신앙이 참의미를 지닌다고 믿을 수 있는 희망이 필요한 것 같아. 인도의 '우유를 마시는 조각상의 기적'은 우리에게 어떤 어려움이 있더라도 소망과 믿음을 저버려서는 안 된다는 깨달음을 주었어. 그리고 이 세상에는 이미 알던 것보다 더 근사한 것, 더 의미 깊은 무언가가 존재한다는 사실도 가르쳐주었단다.

기적 _월트 휘트먼

오, 누가 기적을 만듭니까?
내게는 모든 것이 기적입니다.
맨해튼의 거리를 걷든,
저 지붕들 위로 하늘을 바라보든,
맨발로 해변을 산책하든,
숲의 나무 아래 서 있든,
사랑하는 누군가와 대화를 나누든,
사랑하는 누군가와 밤에 잠자리에 들든,
다른 사람들과 저녁 식탁에 마주 앉든,
반대편 차에 탄 낯선 이들을 보든.
또 여름 오전 벌집 주변을 바쁘게 날아다니는 꿀벌들,
들판에서 풀을 뜯는 동물들,
공중을 나는 새들이나 곤충들의 아름다움,
저녁노을이나 그토록 조용하고 밝게 빛나는 별들의 장관,

봄에 엉그는 새 달의 섬세하고 가느다란 굴곡.

이 모두를 바라보는 것은, 다른 것들과 마찬가지로 내게 기적입니다.

각자가 고유하고 제 자리를 지킬 뿐이지만 이 모두가 기적입니다.

내게는 빛과 어둠의 매 시간이 기적이며,

공간의 모든 부분도, 땅 위의 모든 표면도,

그 내부의 가장 좁은 곳까지도 기적으로 가득 차 있습니다.

내게 바다는 끊임없는 기적입니다.

그 속에 헤엄치는 물고기와, 바위와 파도의 움직임도,

사람을 태운 배도 기적입니다.

그 외에 또 어떤 낯선 기적들이 있습니까?

아주 머나먼 영원에서 온 너

엄마는 임신 중에 '지중해빈혈'이라는 병을 앓고 계시다는 걸 알게 되었어. 아주 놀라운 사실이었지. 이 무해한 병은 오로지 지중해 지역에서만 나타나거든. 엄마의 혈액을 검사해봤더니, 우리 조상의 흔적이 알렉산드로스 대왕의 인도 정복기인 기원전 325년경까지 거슬러 올라갈 수 있다고 밝혀졌지.

엄마의 특질은 나와 동생에게도 이어졌어. 그래서 어린 시절 우리는 이 외국인 조상에 대한 재미있는 이야기를 지어내곤 했단다. 예를 들면 젊고 잘 생긴 그리스 군인이 원정 중에 마을에서 만난 아름다운 여자와 열정적인 사랑을 나누었을 거라고 상상했어. 또 알렉산드로스가 인도에 데려온 뛰어난 화가가 인도 아가씨와 사랑에 빠져, 예술과 자손을 통해 둘의 애정을 불멸의 사랑으로 승화시켰을지 모른다고 상상하기도 했지. 혹은 알렉산드로스 대왕의 여자 중 한 명이 인도 왕자와 혼인해 두 땅의 피가 섞이게 된 것이라고 상상한 적도 있었어. 이 자그마한 의학적 발견 하나로 우리는 얼마나 많은 비밀과 열정, 다채로운 이야기를 상상할 수 있었던지!

우리는 모두 조상들 수천 명의 추억을 담고 있는 개인이란다. 인간이라는 종은 8천 세대를 거슬러 올라간대. 한 세대에 두 사람이 새로운 생명 하나를 창조하고, 이 새 생명이 또 새로운 생명을 낳고, 이런 과정을 반복하는 거지. 우리는 우리를 세상에 내놓기 위해 우리 앞에 살다 간 수많은 영혼들의 사랑과 전쟁, 소망과 절망, 꿈과 실망의 소산이야.

나는 너희들을 이들을 그토록 아름다운 존재로 만들어준, 그 오랜 시간 내내 이어져 온 생명의 약동에 경탄해. 또 우리 가족을 지금 단계까지 오게 한 찬란한 역사에 대해 생각해보곤 하지. 그리고 너희 세대에 새로이 만들어질 근사한 이야기들을 상상해본단다.

아이와 함께 가장 좋아하는 과거, 현재, 미래의 가족 이야기를 담은 이야기책을 만들어보세요.

영혼
너의 진정한 본질
Spirit

일상 속에서도 순수한 신성을 엿볼 수 있어

아빠와 내가 인도에서 살 때였어. 우리는 어린이 빈곤 실태에 관한 학회 일로 델리를 방문하고 있던 유명 인사 몇몇과 저녁 식사를 함께 한 적이 있단다. 별 다섯 개짜리 호텔에서 값비싼 저녁 식사를 한 다음이었어. 인도의 유명한 인권운동가인 라지브 세티가 이슬람 사원에서 자정에 열리는 수피교도의 음악회에 함께 가겠느냐고 물었지.

그래서 미국의 유명 여성 정치인, 유럽의 여성 록 가수, 노벨 평화상 수상자, 저명 경제학자와 우리 부부로 구성된 일행은 니자무딘 사원을 향해 출발했어.

우리를 태운 차가 슬럼가 입구에 멈추자, 라지브는 우리에게 따라오라고 했지. 화려한 옷에 고급 구두를 신은 우리는 빈민촌의 진창 거리를 터덜터덜 걸어갔단다. 내가 쇼핑을 하러 자주 들렀던 그곳은 낮이면 각종 향신료 가게와 꽃 장사, 직물을 파는 상인과 보석상, 시끄러운 점원들과 성가신 걸인들로 발 들여놓을 틈이 없었는데, 그때는 괴괴할 정도로 텅 비어 있었단다. 아무도 없는 어두운 골목길을 걸어가는 기분은 참으로 묘했지. 개와 돼지, 소 같은 떠돌이 가축들이 호기심 어린 눈으로 가게와 임시 주택 바깥을 내다보는 게 눈에 띌 뿐이었어.

라지브는 미로 같은 골목길을 지나 그 동네의 중심부로 우리를 인도했어. 빈민가인 줄 알았는데, 안으로 들어갈수록 족히 몇백 년은 됐음직한 건물들이 나타났지. 외양은 쇠락했지만 내부는 매우 아름다웠어. 화려한 색이 칠해진 벽과 섬세한 조각과 정교한 목재문, 전통 공예품을 갖춘 그 집들은 13세기부터 여러 세대에 걸쳐 수많은 가정의 따스한 보금자리였겠지. 그때 나는 한번도 본 적이 없는 인도의 다른 얼굴을 보고 있었어.

이슬람 사원에 도착하니 전통 인도 복식을 갖춘 노인이 나왔어. 그는 우리에게 사원 바닥에 그냥 앉으라고 말했지. 정치인이 앞으로 나가 유명한 자기 이름을 강조하며 큰 소리로 당당하게 자기소개를 하고 악수를 청했지만 노인은 그녀를 알아보지 못했어. 그는 잠시 동안 그녀를 무심히 바라보더니 미소를 지으며 다시 앉으라는 몸짓을 했지.

우리가 자리를 잡고 앉자, 록 가수가 일어나 세계에서 가장 유명한 수피교도 가수인 누스라트 파테 알리 칸이 별세하기 전에 자신과 함께 일한 적이 있다고 자랑했어. 그리고 자기 친구라면서 유명한 뮤지션들의 이름을 줄줄이 읊었지. 그래도 노인은 그저 미소만 지었어.

노인은 힌디어로 자신의 두 아들과, 아홉 살과 다섯 살짜리 손자들을 소개했단다. 아들 한 명이 인도 전통 북 타블라를 치고 다른 아들이 페달식 오르간인 하모늄을 연주하기 시작하면서 이 3대에 걸친 남자들은 함께 노래를 불렀어. 이들의 노래는 알라에 대한 사랑을 높이 찬양하는 내용이었는데, 그 아름다운 목소리를 듣고 있자니 가슴이 마구 뛰었단다. 눈을 들어 위를 바라보자, 병풍 너머로 검은 눈의 여자들이 우리를 훔쳐보고 있었지. 그 후 한 시간 동안 신과 영혼, 생명을 찬미하는 이들의 목소리는 사원

전체에 울려 퍼졌어.

공연이 끝나고 약 10분 동안 우리는 모두 완전한 정적에 싸여 음악의 강렬함에 흠뻑 젖은 채 말없이 앉아 있었어. 우리는 이들이 선사한 근사한 여행으로 몹시 겸허해졌단다. 우리는 자신을 내세울 필요가 없는 곳으로 초대받았던 거야. 영향력 있는 정치가이든, 존경 받는 석학이든, 록 스타이든 그건 하나도 중요하지 않았어. 신성의 존재를 느끼면서 자아를 뛰어넘는 평등과 소통을 경험하면 그만이었으니까.

일상 속에서도 경건함을 느낄 수 있는 순간들을 찾아야 해. 종교나 명상, 기도, 음악이나 미술, 운동이나 요가, 자연을 만끽하는 산책 등 무엇이든 다 좋아. 보다 심오한 것과 소통하는 순간은 세상과 우리가 하나 되는 순간이란다.

몸과 마음, 영혼이 하나가 될 때의 환희

나는 네 살 때부터 인도 전통 춤을 배우기 시작했어. 전통 춤은 미국에서 자라는 나를 인도와 이어주는 아주 특별한 통로였지. 각종 춤에 얽힌 이야기들을 들으며 나는 인도의 신화와 신들, 우리 문화를 형성하는 위대한 모험과 전통에 대해 배웠단다. 춤은 또한 내 몸과 리듬, 음악, 그리고 여러 다양한 표현 형태와 소통하는 훌륭한 방법이기도 했어.

나는 춤의 스텝을 잘 익히고 외우는 편이었지. 춤을 제법 잘 춘다고 생각했고, 무대 위에 서는 것도 좋아했어. 조용하고 소심한 성격이지만 춤을 통해 자신을 드러냈던 거지. 그래서 춤에 나오는 인물의 세계, 눈과 목을 사용하는 동작, 그리고 인도 무용의 특징이기도 한 빠른 발놀림에 빠져들기가 아주 쉬웠단다.

그런데 어느 날 춤 연습을 하다가 진정한 춤의 정수를 맛보게 되었어. 그때 나는 이미 수없이 추어 봤던 춤을 큰 무대에 올리기 위해 연습하고 있었지. 내가 제일 좋아하는 춤인데, 크리슈나의 연인 라다가 크리슈나에게 애정을 표현하는 내용이야.

보통 음악이 시작되면 마음의 눈으로 첫 동작을 그리면서 춤을 시작할 순간을 재곤 하지. 그런데 이번에는 음악의 첫 소절이 흐르자 내 마음이 다른 세계로 표류하는 걸 느꼈어. 내 몸은 갑자기 전혀 힘들이지 않고도 흐르는 물처럼 자유롭게 움직이기 시작했지. 나는 더 이상 무대 위에 있지 않았단다. 춤이 어디론가 나를 데려가, 마치 내가 위대하고 웅장한 이야기를 표현하는 꼭두각시가 된 것 같았어. 내가 바로 음악이었고, 박자였고, 복잡한 발놀림이었지. 나는 여신 라다가 되었어. 말리카라는 몸을 빌려 눈부시게 표출되는 여신이 된 거야. 사랑과 환희에 빠진, 완전히 영적인 존재였지.

음악이 멈추었을 때, 무아지경에서 깨어나는 데 몇 분이 걸렸단다. 너무도 성스럽고 특별한 세계와 접촉했던 거야. 나는 그런 신성한 경험을 하게 해주신 신에게 감사할 뿐이란다.

아이에게 춤, 요가, 무술이나 운동 등 영적인 경험을 길러주고 자신의 몸을 의식할 수 있는 활동을 권해보세요.

우리 모두 다양한 방식으로 영성을 경험한단다

나는 대학을 졸업한 뒤 몇 달 동안 세계 곳곳을 여행했어. 이 여행에서 가장 과감한 선택은 혼자 중국 남부에서 2주를 보내기로 한 거였지.

나는 인도에서 중국으로 바로 건너갔는데, 두 나라의 차이에 큰 충격을 받았단다. 인도에서는 거리 곳곳에, 사람들의 의복에, 건축물과 상점에, 음악에 종교가 반영되어 있는데 중국에서는 겉으로 드러나는 종교적인 모습을 눈을 씻고 찾아보려 해도 찾을 수가 없었거든. 그래서 나는 중국 여행길의 첫 방문지로 문화혁명의 칼바람에도 살아남은 수많은 사찰들이 모여 있는 윈난성 쿤밍시에 가보기로 했어.

쿤밍에서의 첫날 아침, 『론리플래닛』 여행 책자를 꺼내들었지. 그리고 천 년 사찰인 원통사를 목적지로 정하고 버스 터미널로 갔어. 매표소 여직원이 영어를 몰라서 책에 적힌 주소를 보여줬고, 직원은 거기 적힌 한자를 읽더니 어떤 버스를 가리켰어.

45분 정도 가자 버스 기사가 도착했다고 말했어. 그런데 사찰 입구로 걸어 들어가는 순간 뭔가 이상했어. 그곳은 성스러운 사찰이라기보다는 쿵쾅대는 음악 소리와 관광객들의 인파로 뒤덮여 있었거든. 나는 소수민족들의 생활과 문화를 재현해놓은 '윈난 민속촌'에 와 있었던 거야. 절은 어디에도 없었어. 하지만 이왕 온 김에 그날은 그곳에서 보내기로 했지.

작은 모형 촌락도 구경하고 공예품도 사고 노래와 춤 공연도 보면서 하루를 보냈어.

다음 날 아침, 새로운 마음과 에너지로 재충전하고 다시 버스 터미널로 갔단다. 이번에도 여행 책자를 꺼내 매표소 여직원에게 주소를 보여주자, 직원은 다시 어떤 버스를 탈지 알려줬어. 버스에 오른 다음 나는 제대로 탔는지 확인했지. 그리고 45분쯤 지난 뒤 운전기사가 내게 목적지에 왔으니 내리라고 했어. 그런데 바깥을 보니 이번에도 원난 민속촌이었어.

"아니에요. 저는 여기에 가고 싶다고요." 나는 책자를 가리키며 말했어. 하지만 운전기사는 여기가 맞다면서 입구를 가리켰단다. 내가 다시 책자를 보여주었지만 기사는 내 말을 더 이상 들으려고도 하지 않았어. 대체 뭘 어찌해야 할지 몰라 우두커니 서 있는데, 젊은 중국인이 서툰 영어로 도움이 필요하냐고 물었지.

상황을 설명하자 그는 내 책자를 들여다봤어. 그러더니 웃으면서 주소가 잘못 나와 있다고 말했지. 나는 절에 꼭 가보고 싶어서 그곳에 어떻게 가야 하는지 운전기사에게 물어봐 달라고 그에게 부탁했어. 그런데 그 절에 가려면 다시 버스 터미널로 돌아가 다른 버스를 타야 한다는 거야. 게다가 시내로 돌아가는 버스를 타려면 장장 세 시간이나 기다려야 했지.

선택의 여지가 없던 나는 내 어리석음을 탓하며 버스에서 내렸어. 시끄러운 민속촌에서 하루를 더 보내기는 정말 싫었단다. 눈물이 왈칵 쏟아지려는 찰나, 누군가가 어깨를 두드렸어. 버스에서 나를 도와준 후난이라는 청년이었지. "우리 가족과 함께 보내시는 건 어떨까요?"

"우리 어머니, 아버지, 할아버지, 할머니, 숙부와 숙모님이세요." 그는 가족들을 일일이 소개했어. 그 단어들을 영어로 말할 수 있다는 것에 큰 자부심을 느끼는 것 같았지. 달리 할 일도 없었기에 나는 그의 가족과 하루를 보내기로 했단다.

윈난의 다른 마을 몇 곳을 구경하자 점심때가 되었어. 우리는 손님들의 대화와 풍성한 음식이 넘치는 노천 식당으로 들어갔지. 후난이 한 테이블을 차지하자, 내가 미처 앉기도 전에 온갖 음식이 차려졌어.

우리는 함께 점심을 먹었어. 식사가 끝난 뒤 후난의 할머니가 무어라 알아들을 수 없는 말씀을 하셨지. 그 다음에는 온 가족이 모두 잠시 손 모아 기도를 올렸어. 잠깐 눈을 감고 묵념도 했지. 시끌벅적한 시장 한복판에서 아주 숙연하게 특별한 의식을 올린 거야. 나는 깊은 인상을 받았어. 그것은 중국에서 처음 보는 영적인 모습이었거든.

나중에 후난에게 그 기도에 대해 물었어. 후난은 서툰 영어로 할머니께서 예전에 먹을 것 없이 몇 년을 사신 적이 있기 때문에 매번 식사 때마다 신께 감사 기도를 드린다고 설명해주더구나. 문화혁명 당시 강제 노동 수용소에서 몇 년을 보내셨던 할머니가 그런 격변기에도 살아남을 수 있었던 것은 오로지 신의 도움 때문이라고 덧붙였어. 내가 후난에게 교회나 절에 다니느냐고 묻자 그는 잠시 생각하더니 대답했어. "아뇨, 그럴 필요가 없거든요."

나는 경건하게 그의 할머니를 다시 바라보았어. 중국에 머무르는 동안 내가 그토록 찾아 헤맨 그 무언가가 나를 똑바로 쳐다보고 있음을 느낄 수 있었지. 조용하고 엄숙한, 하지만 진정한 것!

　　나는 쿤밍에서 내가 찾던 것을 발견했어. 다음 날 나는 짐을 싸서 다음
목적지로 출발했단다.

고귀한 정신적 가치, 신이나 무한성의 비전을 아이에게 전해주세요.

영혼은 결코 죽지 않아

아빠와 나는 양가의 조부모님들이 모두 살아 계실 때 결혼하는 축복을 누렸단다. 여덟 분 모두 정정한 모습으로 우리 둘의 결합을 축하해주셨지. 당시 연세가 70대에서 80대였던 조부모님들은 기쁨과 활력, 생기가 넘치셨어.

아빠의 외할아버지 바라 파파는 하도 힘차게 뛰어오르며 춤을 추셔서 너무 무리하시는 건 아닌지 염려될 정도였어. 또 아빠의 친할머니 다디지도 웃고 즐기면서 몇 시간 동안이나 쉬지 않고 춤을 추셨지. 내가 영원히 간직할 두 분의 아름다운 모습이야.

아빠의 외할머니 나니지는 조용히 앉아서 사랑하는 손자와 춤을 추고 있는 내 모습을 흐뭇하게 바라보셨어. 내 외할머니 나니와 친할머니 마아는 서로 가장 친한 친구 사이라 나란히 앉아 수백 명의 하객들을 살피며 이야기꽃을 피우고 계셨단다. 모두 다 당신 두 분이 있음으로 해서 이 자리에 있게 된 자손들이었지.

외할아버지 나나는 모든 일이 잘 진행되고 있는지 일일이 확인하셨어. 그리고 혼례 전통에 따라 우리의 조부 네 분께서는 초프라와 만달 양가 가족들을 따스한 포옹으로 맞아주셨지.

네가 태어났을 때만 해도 나는 여덟 분의 조부모님 중 일곱 분이 살아 계시는 복을 누렸어. 우리는 너를 데리고 여행을 다닐 수 있게 되자마자 곧바로 인도로 가 조부모님들이 증손녀를 안아보실 수 있게 해드렸단다. 나는 그분들이 너를 꼭 끌어안으시는 모습을 감동어린 눈으로 바라보았어. 내 외할아버지께서 타라와 놀아주시는 모습을 보니 꼭 30년 전, 내가 어렸을 때 할아버지가 같은 놀이로 나와 놀아주셨던 기억이 나더구나.

친가에 가서는 네가 태어나기 전에 돌아가신 친할아버지 다디의 방으로 너를 데려갔어. 벽난로 위에 놓인 다디의 사진에 손으로 키스를 보내자 다디의 영혼이 지금 바로 그 방에 계시다는 걸 느낄 수 있었지.

네 동생 릴라를 낳고 나서, 우리는 두 분의 조부모님을 잃었어. 새 세대가 태어나면서 한 세대가 물러나는 모습을 보는 기분은 참 묘하단다. 신비롭게도 너희는 어르신 세대의 얼굴과 분위기를 담고 있어.

나는 다디의 온화함과 타인을 보살피는 손길을 타라 네게서 느끼지. 네 눈에는 할아버지가 주변 사람들에게 보여주셨던 깊은 연민과 사랑이 어려 있단다. 섬세하고 정리정돈을 잘하는 네 모습에서는 내 외할아버지 나나를 떠올릴 수 있어. 네가 볼리우드 음악에 맞춰 춤추는 모습을 볼 때면 바라 파파와 다디지가 우리 결혼식에서 즐겁게 춤추시던 모습이 연상되기도 하지. 늘 다른 사람을 염려하는 네 모습에서는 우리 할머니들이 당신의 자녀들과 손자들에게 보여주시던 아낌없는 보살핌의 흔적이 묻어난단다.

그토록 사랑하는 이들을 잃는 것은 너무 가슴 아픈 일이지만 나는 그분들의 영혼이 결코 우리 곁을 떠나지 않는다는 걸 알 수 있어. 너희들의 웃음과 흥겨운 발걸음에서 우리는 그분들의 소리를 듣고, 반짝이는 눈동자에서 그분들을 보며, 너희들의 말 뒤에 숨은 뜻에서 그분들의 소리를 듣거든.

이미지와 추억과 사랑은 한 세대에서 다음 세대로, 오랜 시간에 걸쳐 스스로를 새로 가꾸며 이어진단다.

너의 직관을 믿으렴

내 친할머니 마아는 직관이 뛰어난 분이셔. 늘 뛰어난 통찰력으로 주변 사람들을 거듭 놀라게 하시지. 할머니는 여덟이나 되는 손자들과 증손자들이 태어나기도 전에 이미 성별을 정확하게 예측하셨어. 또 사람들의 얼굴을 한번 보기만 해도 좋지 않은 일이 있거나 어떤 변화가 있으면 바로 알아차리시지. 할머니는 통찰력과 직관, 지혜를 갖춘 어머니의 전형이야.

마아 할머니에 대해 내가 평생 잊지 못할 이야기가 하나 있단다. 내가 인도에 살 때 한번은 다디 할아버지와 함께 할아버지의 책을 내려는 출판사 회의에 참석한 적이 있었어. 회의는 델리 시내에 있는 고층 빌딩에서 열렸는데, 우리가 탄 승강기는 발 디딜 틈도 없이 꽉 차 있었지.

우리 둘이 좁은 구석으로 밀리자 할아버지께서 말씀하셨어. 마아 할머니는 폐소공포증 때문에 절대로 승강기를 타지 않으신다고. 사실 할머니는 승강기가 중간에 멎을까 봐 늘 걱정하셨기 때문에 승강기를 타지 않으셨지. 그래서 할아버지가 계단으로 가지 않고 승강기를 타시면 언짢아하곤 하셨어.

그런데 그날 서서히 올라가기 시작하던 승강기가 덜컹이는가 싶더니 진짜 멎어버렸어. 건물의 전기가 나가 승강기가 두 층 사이에 서 멈춰버린 거야. 그렇잖아도 푹푹 찌는 더위에 짜증스러웠는데 사람들의 체취로 가득한 승강기에 갇혀 있자니 속이 거북했어. 하지만 다디는 항상 그렇듯이 침착하게, 몇 분 후면 비상용 발전기가 가동되어 승강기가 다시 작동할 테니 초조해하지 말라고 말씀하셨지. 그러나 반 시간이 지나도록 승강기는 움직이지 않았어.

다디는 회의에 들어가시기 전에 말씀하셨지. "말리카, 할머니한테 승강기에 갇힌 애길랑 하지 말아라. 승강기를 탔다고 아주 언짢아할 거야. 할머니한테 쓸데없이 스트레스 줄 필요는 없잖니?" 할아버지는 집 대문 앞에 이르러서도 다시 한 번 이렇게 말씀하셨어. 나는 그 일을 비밀로 하기로 약속했지.

집에 들어가자마자 할머니의 심기가 매우 불편하다는 것을 금방 알 수 있었어. 할머니는 다짜고짜 물으셨지. "무슨 일 있었죠? 왜 그렇게 오래 걸린 거예요?" 다디는 긴장한 얼굴로 나를 한 번 보시더니 일이 아주 잘됐다고 말씀하셨어. 회의는 성공적이었고 출판사에서 할아버지 책을 광고할 좋은 계획도 내놓았다고 말씀하셨지. 하지만 할머니의 관심을 돌릴 수는 없었어.

"말 돌리지 말아요. 무슨 일이 있었던 거 다 알아요. 말리카, 무슨 일이 있었던 거니?" 나도 아무 일 없었다고 말씀드렸지만 할머니는 할아버지와 나를 뚫어지게 쳐다보시더니 잠시 눈을 감았다 뜨고는 말씀하셨어. "승강기가……. 여보, 말리카를 데리고 승강기를 탄 거예요?"

나는 내 귀를 의심했단다. 할머니가 그 일을 어떻게 아셨지? 하지만 더 놀라웠던 것은 할머니의 통찰력에 내가 그토록 충격을 받은 데 반해 할아버지는 아무렇지도 않은 듯 보였다는 거야. 할아버지는 그냥 웃으며 말씀하셨지. "당신한테는 아무것도 숨길 수가 없구려. 안 그렇소?" 할아버지는 내려올 때는 계단을 이용했노라고 하시며 할머니를 달래기 시작했어.

나중에 할머니에게 어떻게 그 일을 아셨느냐고 물었지. 할머니는 오히려 내 물음이 이상하다는 듯 나를 보며 물으셨어. "얘야, 어떻게 모를 수가 있겠니?" 할머니는 그저 스스로에게 질문을 하시고 그에 대한 내면의 답변에 귀를 기울이셨던 거야. 아주 간단했지. 그리고 할머니는 그 답이 맞는 것일까 조금도 의심하지 않으셨어. 그냥 그것이 진실인 줄 아셨지.

부모가 바로 아이들의 환경이라는 말은 이미 했을 거야. 우리가 너희들에게 내면의 소리에 귀를 기울이고 그것을 믿으라고 가르친다면 너희의 직관력은 훨씬 더 강해질 거란다. 그리고 무슨 일이든 너희 스스로 더 자신감 있게 결정을 내릴 수 있을 거야.

천사에 대해 얘기해줄게

우리 어머니와 가장 친했던 비믈라 이모할머님이 다시 회생할 수 없는 병으로 몸져누우셨을 때 엄마는 겨우 스무 살이었대. 외할머니의 동생이었던 비믈라 이모할머님은 온화하고 다정한 영혼의 소유자로 대단히 아름다운 분이셨지.

비믈라 이모할머님의 오빠는 영국에서 특수 생명유지 장치를 사서 이모님이 입원 중인 델리의 병원으로 보내셨어. 당시 대학생이었던 엄마는 매일 강의가 끝나면 병원으로 달려가 이모할머님에게 신문, 철학책, 시집을 읽어드렸고 가족이나 학교에서 있었던 얘기를 들려드리기도 했지.

비믈라 이모할머님의 담당의와 함께 일하던 젊은 레지던트 한 명 있었단다. 그는 자주 병실로 와서 이모할머님의 차트를 확인하고 병실에 모여 있는 여러 어르신들에게 인사를 드리기도 했지. 알고 보니 그의 어머니도 이모할머님의 친한 친구 분이셨어. 가족들은 모두 그를 좋아하게 되었지. 그 젊은 레지던트가 바로 우리 아버지야.

몇 달 동안, 아버지는 엄마가 올 시간에 맞추어 비믈라 이모할머님을 정기적으로 찾아뵈었대. 아버지는 매일 조금씩 병실에 더 머무르면서 엄마에게 비틀스나 미국영화에 대해 얘기해주었지. 이모할머님은 그때 병환이 너무 깊어져서 더 이상 말도 하실 수 없었어. 하지만 아버지가 병실로 들어설 때마다 반가운 미소를 보내며 엄마의 손을 꼭 쥐곤 하셨단다. 이모할머님은 두 분의 사랑이 시작되는 자리에서 말없는 후원자 역할을 하셨던 셈이지.

부모님의 사랑은 무르익었고 두 분은 곧 약혼을 하셨어. 두 분은 비블라 이모할머님께 결혼하기로 한 것을 제일 먼저 말씀드렸지. 생사를 헤매던 이모할머님은 이 말을 듣고 기쁨으로 눈을 반짝이셨단다.

이모할머님은 부모님이 결혼하기 두 달 전에 세상을 떠나셨어. 그래서 두 분은 아주 조촐하게 예식을 치렀지. 비록 이모할머님은 그 자리에 계시지 않았지만 그분의 우아하고 기품 있는 영혼은 누구보다도 더 그 자리를 빛내주시는 것 같았대. 이후로 이모할머님은 우리 가족에게 사랑의 천사로 기억되고 있어.

때로는 천사의 존재를 믿기 어렵지만 우리는 천사의 축복을 받으며 살고 있단다. 마음을 늘 열어두고 천사의 도움을 기다린다면 너희들에게도 마술 같은 새 세상이 펼쳐질 거야.

천사를 믿으시나요? 당신의 삶을 마법처럼 아름답게 만들어준 사람들에 대해 생각해보세요. 아이들에게 이분들에 대해 꼭 얘기해주세요.

지구의 영혼을 사랑하고 느끼는 방법

너와 우주는 영원 전부터 이어져 있었단다. 별에서 나온 빛의 존재인 너는 공간의 깊이와 시간의 신비를 여행해왔어. 너는 우주야. 수백만 번이나 거듭 순환하고 재생되며 다시 태어나는 우주이지.

나는 네가 세상을 네 몸의 일부처럼 여겼으면 좋겠어. 그리고 네 몸을 아끼듯이 세상을 사랑하길 바란다. 공기는 너의 숨결이고 나무는 너의 폐란다. 나무가 숨을 쉬기에 너와 내가 숨을 쉬는 거지. 강과 바다는 네 피야. 강과 바다의 흐름, 활력과 정수가 바로 오랜 시간 동안 너를 키워준 에너지이지. 우리의 몸은 순환하는 흙이고, 숨은 순환하는 공기이며, 피는 순환하는 물, 감정은 순환하는 에너지, 사고는 순환하는 정보, 영혼은 다른 영혼들의 반영이란다.

네 존재의 깊은 곳에서부터 이렇게 끝없이 이어지는 우주를 느껴봐. 그리고 네 몸을 돌보듯이 지구를 돌보렴. 그러면 지구도 너를 돌봐줄 거야. 온 마음과 영혼을 다해 우주를 사랑하렴. 그러면 우주도 너를 사랑할 거야. 우주에 말을 걸어봐. 그럼 우주는 네 기도에 응답할 거야.

약속 98

우리를 규정하는 건 직위나 역할이 아니란다

네 할아버지께서는 1980년대 초반부터 중국으로 출장을 다니셨단다. 당시 중국은 개방되어 있지 않아서 할아버지는 출장 때 경험했던 놀라운 일들을 들려주시곤 했지. 공산주의가 가장 혹독했던 그 시절, 할아버지는 인도와 중국 양국 간 마찰로 수년간 왕래가 제한된 이후에 최초로 중국을 방문한 인도인들 중 한 분이셨어.

할아버지는 중국 국토자원부 장관과 만나기로 하셨대. 이 만남은 당신 회사에 수백만 달러의 비즈니스 기회를 안겨줄 가능성이 있을 뿐만 아니라, 중국과 인도의 무역 관행에 표준을 세울 수 있는 기회였지. 그래서 몇 달 동안이나 이 회의를 준비하며 장관에게 제출할 제안서를 지속적으로 보완하셨어. 회의가 있는 날 늦지 않고 제 시간에 도착하기 위해 회의 담당자에게 아침 일찍 데리러 와달라고 부탁까지 하셨단다.

할아버지와 회의 담당자는 한 시간이나 일찍 도착했어. 정부 청사 안이라 아무 데나 돌아다닐 수가 없어서 할아버지는 로비에서 기다리셨지. 회의 담당자는 손님에게 대접할 커피를 가지러 갔고. 로비는 텅 비어 있었어. 마오쩌둥과 같은 제복을 입은 청소부만이 바닥을 쓸면서 그날 하루를 준비를 하고 있었지. 할아버지는 청소부에게 목례를 했는데, 청소부는 미소로 답하면서도 눈을 정면으로 마주치지는 않은 채 하던 일을 계속 했대.

할아버지는 서류 가방을 열어 회의 자료를 다시 한 번 검토하셨지. 곧 회의 담당자가 커피와 먹을 것을 가지고 돌아왔고 두 분은 담소를 나누면서 회의 시간이 되기를 기다렸단다. 30분이 지나자 로비는 출근하는 관리들과 그들을 만나기로 한 사람들로 붐비기 시작했어.

정해진 시간이 되자 할아버지는 회의실로 안내를 받으셨지. 20여 명의 남녀가 앉아 있는 회의실이었는데, 저마다 펜을 들고 있는 사람들 앞에는 각각 서류 뭉치가 놓여 있었대. 할아버지의 자리는 기다란 회의 탁자의 한쪽 끝이었고 다른 쪽 끝은 비어 있었지. 할아버지가 자리를 잡고 앉자 모두 목례를 했어. 그 다음에는 오로지 정적만이 감돌았지. 회의 담당자는 사람들이 장관의 도착을 기다리고 있다고 했단다.

1분 후 문이 열렸지. 회의실 안의 사람들이 모두 기립했어. 할아버지도 일어나셨지. 장관이 비어 있던 의장석에 앉자 할아버지는 그를 쳐다보았어. 그리고 깜짝 놀랐지. 그는 바로 로비에서 만났던 청소부였어! 하지만 지금 그는 정장을 갖춰 입고 할아버지의 눈을 똑바로 쳐다보며 말하고 있었어.

"만달 씨, 국토자원부에 오신 것을 환영합니다."

온전한 진실을 느낄 수 있도록 도와줄게

부처의 제자들이 마을에서 일어나고 있는 논쟁에 대해 조언을 구했단다. 수많은 수행자와 성자들이 진실이란 과연 무엇인가를 두고 논쟁을 벌이고 있었지.

어떤 이들은 인간이 죽으면 영혼도 몸과 함께 죽는다고 했고, 또 어떤 이들은 영혼이 무한하다고 주장했대. 어떤 이들은 신이 인간의 형상이라고 했고, 또 어떤 이들은 신이 무한하며 형상이 없는 존재라고 했어. 사람들은 합의에 도달하지 못해 말싸움만 벌였지. 제자들은 진실이 무엇인지 혼란스러웠어.

부처는 이런 제자들에게 이야기를 하나 들려주었단다. 옛날에 코끼리 한 마리가 장님들의 마을에 들어섰대. 코끼리가 마을에 온 것은 처음이어서 현자 여섯 명이 마을 대표로 코끼리의 특성을 알아보기로 했지.

첫 번째 장님이 코끼리의 다리를 만지더니 말했어.

"코끼리는 기둥과 같다. 튼튼하고 견고하구나."

두 번째 장님이 코끼리의 귀를 만지더니 말했어.

"아니오. 코끼리는 커다란 부채와 같소."

세 번째 장님이 코끼리의 꼬리를 만지더니 말했어.

"코끼리는 부드럽고 기다란 밧줄과 같소."

네 번째 장님이 코끼리의 상아를 만지더니 말했어.

"틀렸소. 코끼리는 매끈하고 단단한 관쑵과 같소."

다섯 번째 장님이 코끼리의 배를 만지더니 말했어.

"코끼리는 벽과 같이 매끄럽고 커다랗소. 아무것도 이 동물을 넘어설 수 없소."

여섯 번째 장님이 코끼리의 코를 만지더니 말했어.

"코끼리는 나뭇가지와 같소. 튼튼하면서도 바람에 흔들릴 수 있으니 말이오."

사람들은 각기 너무나 다른 설명을 듣고 혼란에 빠져 웅성거렸지. 그러다가 결국은 모두 코끼리의 진정한 특성에 대해 논쟁하게 됐어. 그리고 순식간에 현자 여섯 명의 관점을 각각 옹호하는 열혈 지지자들이 생겨났단다.

부처는 이야기를 마치고 미소를 지었어.

현자들은 모두 다 진실의 한 가지 면만을 알 뿐이야. 하지만 이 모든 진실을 종합해야 코끼리를 진정으로 알 수 있는 안목이 생기는 거지.

네 고유의 영혼을 발견해보렴

네가 내 뱃속의 작은 씨앗에 불과했을 때, 나는 네 몸이 내 안에서 자라는 걸 느낄 수 있었어. 네게 말을 걸고, 널 쓰다듬고, 널 느낄 수 있었지. 하지만 무엇보다도 살아 있는 네 존재를 있는 그대로 생생하게 알 수 있었단다.

너는 작디작은 아기로 세상에 나왔어. 나오자마자 이미 넌 내가 엄마인 걸 알았지. 나는 네가 세상을 관찰하고 배워가며, '존재'라는 이 위대한 신비의 일부가 되어가는 걸 감탄하면서 지켜보았어.

엄마는 네 몸이 자라는 모습과 세상과 소통할 때마다 네 마음이 커가는 모습을 바라본단다. 너는 네 목소리와 의견이 있고, 좋고 싫은 것이 분명한 한 인간으로 피어나고 있어. 그런 모습을 볼 때마다 정말 기쁨을 느끼지만 모든 변화 밑에는 언제나 활력에 넘치는, 한결같은 너의 변하지 않는 존재가 있지.

나는 새로운 몸과 새로운 감정, 새로운 성격을 가진 청소년이 된 네 모습을 그려본다. 새 생명을 이 세상에 내놓고 기뻐하는 아기 엄마가 된 네 모습도 상상해봐. 또 의자에 깊숙이 앉아 소중한 인간관계와 살아온 날들을 돌이켜보는 할머니가 된 네 모습은 어떨까?

나는 늘 새로운 경험과 도전, 기회로 네 성격이 변화하는 모습을 지켜보고, 너의 기쁨과 고통을 함께 느낄 거야. 또 너의 울음과 웃음 속에 깃든 기뿜에 귀 기울일 거야.

인생의 각 단계마다 몸과 마음, 성격은 변하지만 너는 언제나 너야. 너는 네 영혼 속에, 그리고 온 우주에 가득한 무한한 정신의 아름다운 반짝임 속에 언제까지나 그대로 남아 있을 거야.

너는 나에게 언제나 축복이고 기적이란다. 너는 내 영혼을 하늘 높이 날게 하고 무아의 춤을 추게 만들었어. 엄마는 너를 영원히 사랑할 거란다. 그리고 이 세상, 그리고 다음 세상에서도 너의 영혼과 만날 수 있어서 너무나 감사해.

영혼은 무한하고 영원하며 자유롭다.

물은 영혼을 적실 수 없고, 불은 영혼을 태울 수 없으며,

무기도 영혼을 파괴할 수 없다.

영혼은 태어나지 않았기에 몸이 죽어도 죽지 않는다.

영혼에는 처음도 끝도 없다.

_바가바드기타(고대 인도의 힌두교 경전 중 하나) 중에서

옮긴이의 글

이틀 남았다. 뱃속 둘째 아기의 예정일 얘기다. 어제도 초음파 검사를 하고 산부인과 의사를 만나고 왔다. 『엄마의 100가지 약속』은 바로 이런 연유로 나와 연이 닿았다. 출판사 편집부에서는 마침 내 상황에 딱 맞는 책이라며 이 책을 번역해보지 않겠느냐고 했다.

저자는 세계적인 심신의학의 선구자이자 영적 지도자인 디팩 초프라의 딸 말리카 초프라로, 이 책의 초고, 즉 아이에게 들려주는 100가지 약속을 쓰기 시작했을 무렵에는 나처럼 임신 중이었다. 그녀는 첫아이를 임신했을 때 이 약속들을 쓰기 시작했다가 육아에 익숙해질 무렵에 다시 둘째를 갖고 글을 완성했다.

저자는 두 아이의 엄마라는 점 말고도, 북미에서 소수민족 출신 이민자로 살고 있다는 점도, 일하는 엄마라는 점도 나와 같았다. 그런데 아이와 육아에 대한 익숙한 경험과 감정들을 담은 책이기에 번역 작업이 수월하기는 했지만 다른 종류의 책을 번역할 때보다 오히려 감정이입이 잘 안 되었다. 꼭 저자와 공감대가 있어야 번역을 잘할 수 있는 건 아니지만 왠지 이 책은 그래야만 할 것 같았다.

모성이란 가장 소중하고 아름답고 숭고한 경험이지만 인류의 절반이나 되는 여성 가운데 상당수가 언젠가 하게 되는 매우 보편적인 경험이기도 하다. 그러니 어떻게 보면 이런 '평범한' 소재로 책까지 낸다는 게 이른바 '잘 나가는' 아버지의 후광 덕분이 아닌가 하는 어렴풋한 선입견이 내게 있었다는 걸 부인할 수는 없을 것 같다.

게다가 번역을 하면서 읽어보니 저자의 환경은 내가 처한 육아의 현실과 사뭇 달랐다. 우선, 자식들에게 매우 헌신적인 친정뿐 아니라 가까운 일가친척들이 모두 저자가 사는 지역의 인도계 미국인 공동체에 자리를 잡고 살고 있었다. 또한 원고를 보면 아기를 돌봐주는 '유모'는 물론 청소를 해주는 '클리닝 레이디'까지 언급되어 있다. 이런 환경은 가족이 가까이에 없어도 믿을 만한 데이케어가 있고, 국가에서 보조를 해준다는 것만으로도 감지덕지한 내 현실 뿐 아니라, 육아와 일 사이에서 언제나 발을 동동 구르며 전쟁을 치르는 대한민국 직장인 엄마들의 현실과도 너무나 동떨어져 있었다.

이렇게 손을 내밀기만 하면 얼마든지 육아에 관한 도움을 받을 수 있는 사람이 일과 육아 사이에서 균형을 잡는 일의 어려움을 토로할 자격이 있느냐고 투덜거리면서 시작했던 책이었건만, 번역을 해나가면서 내 태도는 서서히 달라졌다. 아니, 솔직히 말해 옛날처럼 원고지로 번역 원고를 넘겼다면 아마도 원고지는 온통 눈물로 우글쭈글해졌을 것이다. 아주 슬프거나 극적인 이야기들이 담겨 있어서 그랬던 것은 아니다. 임신 중이라 호르몬이 정상(?)이 아닌 탓도 있었겠지만 공감하고 싶지 않아도 엄마라면 누구나 고개가 끄덕여지는 감정들이 초프라의 글에 담겨 있었기 때문이리라. 저자는 출산 후 아기의 존재를 처음으로 온전히 느꼈던 때에 대해 이렇게 쓰고 있다.

타라의 검은 눈동자를 들여다보자, 마치 아기의 영혼까지 보이는 듯했다. 이 조그만 아기의 존재가 온통 나를 신기하게 쳐다보고 있었다. 나는 울다가 웃다가를 반복했다. 표현할 수 없는 감동과 무한한 사랑이 파도처럼 밀려왔다. 내 아기구나. 내 딸이구나. 내 인생에서 가장 소중하고 기적적인 선물이구나.

특별할 것도 없는 마지막 세 문장이 왜 그렇게 눈물샘을 자극하는지, 나는 저자가 딸을 처음 품에 안고 느낀 감동을 오롯이 느낄 수 있었다. (저자가 권한 것처럼 며칠 후 우리 딸을 처음 만나면 나도 그때 느낀 감정을 기록해볼 생각이다)

100가지 약속이란 저자가 스스로에게 하는 다짐이다. 내 소중한 아이들을 어떻게 사랑하고 키울 것인가에 대한 치열한 고민이며, 육아에 관한 자신의 철학을 돌아보고 글로 정리한 것이다. 이제 불과 3년이 넘은 나의 육아 경험과 주변 사람들의 경우를 돌아보면, 현대의 엄마들은 육아에 관해 온갖 방법론은 잘 알고 있거나 적어도 그것에 쉽게 접근할 수 있지만 아이를 어떻게 키울 것인가 차분히 생각해볼 기회는 흔치 않은 것 같다. 나만 해도 모유가 좋고, 젖은 어떻게 물려야 하고, 아기가 백일이 되기 전까지는 컬러가 아닌 흑백 모빌이 좋고, 두 돌 전까지 TV는 보여주지 않는 것이 좋고, 소근육 발달에는 어떤 활동이 좋고 하는 등의 온갖 정보는 많이 접해 봤지만 정작 아이를 어떻게 키워야 할 것인가 깊이 생각해본 적은 없었다.

『엄마의 100가지 약속』은 바로 그런 고민의 기록이다. 물론 그저 머리를 싸매고 앉아 관념적으로 고민을 위한 고민을 한 것은 아니다. 말리카 초프라의 약속 하나 하나는 살면서 자신이나 가족, 친구가 겪은 일에서 배운 교훈을 바탕으로, 그리고 아이와 꼭 나누고 싶은 우화나 심지어 동양의 고사성어에 얽힌 이야기들을 통해서 교훈을 이끌어내고 이런 부모가 되겠노라는 결론을 내려 스스로에게 다짐하고 이를 아이에게 들려주는 목소리이다.

개인적으로는 이 책을 통해 심오한 영적 전통에 빛나는 인도 문화의 면모를 배울 수 있어서 더 좋았는데, 젊은 부모들이 육아에서 간과하기 쉬운 전통과 구세대와의 관계에 대해 고민할 수 있는 기회가 되었다. 한국 사회에서는 이미 많이 사라진 듯한 가족과 친지들 사이의 끈끈한 유대와 진정한 사랑이 인도 공동체에 아직 강하게 남아 있는 점은 부럽기도 했다. 또한 영적인 스승 디팩 초프라의 교육관과 인간적인 측면도 엿볼 수 있었다.

한편 인생을 너무 심각하게 받아들이지 말 것, 3C의 교훈 등은 내게 아이를 키우는 부모로서가 아니라 한 개인으로서 삶을 대하는 태도를 돌아보게 했다. 이렇듯 『엄마의 100가지 약속』은 내게 그랬듯이 독자들에게도 어떤 부모가 될 것인가, 한 개인으로서 인생을 어떻게 살 것인가를 돌아볼 수 있는 계기가 되리라 믿는다.

이제 서서히 진통이 오는 것 같다. 여러 권의 책과 씨름하느라 신경을 써주지 못한 둘째에게 유일한 태교가 되었던 『엄마의 100가지 약속』의 번역, 이제 곧 이 책을 들고 병원으로 가서 기쁜 마음으로 아이를 만날 준비를 해야겠다.

2006. 10. 19. 캐나다에서 권상미

글쓴이_ **말리카 초프라**Mallika Chopra

심신의학의 선구자이자 세계적인 영적 지도자로 알려진 디팩 초프라의 딸로, 인도에서 태어나 미국에서 자랐다. TV 프로그램과 영화, 미디어 상품 등을 기획하는 초프라 미디어의 공동 경영자이자, 타라와 릴라의 엄마다. 모든 아이들을 향한 따뜻한 사랑과 관심의 표현으로, 고아들을 돕는 유니세프의 프로그램에 이 책의 수익금 중 일부를 기부하고 있다. 현재 저술 활동과 사회 활동을 병행하면서 남편, 두 딸과 함께 미국에서 행복하게 살고 있다.

옮긴이_ **권상미**

두 아이의 엄마로 캐나다에 거주하며 전문번역가로 활동 중이다. 한국외국어대학교 통역번역대학원을 졸업한 후 캐나다 오타와대학교 통역번역대학원에서 번역학 석사 학위를 받았고 동대학원 박사 과정을 수료했다. 월간지 〈에스콰이어〉의 고정 번역을 맡고 있고 『내년을 더 젊게 사는 연령혁명』, 『시간을 파는 남자』 등을 번역했다.